AF610538

A tutti coloro
che hanno una passione come la mia

Love Horse

1
Il centro ippico

Sorrisi. Le mie labbra erano incurvate verso l'alto in un movimento naturale e genuino che donava al mio viso una luce del tutto nuova.

Ero entusiasta di trovarmi in quel posto.

Abbassai il finestrino di una decina di centimetri e sporsi leggermente il capo fuori dall'auto, lasciando che il lieve venticello pomeridiano mi accarezzasse il viso e mi scompigliasse i capelli.

Socchiusi gli occhi e inspirai profondamente per raccogliere il più possibile quell'aria pura e priva di qualsiasi forma di smog.

L'odore delle foglie bagnate e del terriccio umido mi riempì le narici. Adoravo la natura. E quel posto era proprio ciò che faceva per me.

Ovunque giravo il mio sguardo, sprazzi di verde andavano a coprire la mia visuale. Il viale che stavamo percorrendo era delimitato da alberi altissimi e piante di ogni genere, mentre in lontananza si riusciva ad intravedere una serie di spiazzi

pianeggianti, circondati da staccionate di legno chiaro-scuro.
Dopo aver svoltato l'angolo, intravidi finalmente ciò per cui eravamo giunti in quel posto meraviglioso: una figura femminile, dal fisico esile e dai lunghi capelli corvini, cavalcava un magnifico esemplare di frisone alto almeno un paio di metri dalla testa ai piedi.
Dal modo in cui si muovevano sembravano essere quasi un tutt'uno. Ogni volta che partiva al galoppo, lei pareva fondersi totalmente con il suo cavallo, lasciando che a trasportarla fosse solo l'istinto.
Era un vero spettacolo vederli correre e smisi letteralmente di respirare quando, un attimo prima del salto, vidi la ragazza sollevarsi dalla sella e assumere una posizione diversa, in perfetta sincronia con l'animale che stava guidando.

Fu talmente bello da togliere il fiato.
Quando sentii il motore spegnersi sotto di me e il rumore del freno a mano che veniva tirato, quasi mi dispiacque di dover distogliere lo sguardo da quella meraviglia, ma l'euforia per quello che avrei dovuto fare di lì a breve, riuscì subito a farmi risollevare il morale.

Senza smettere di sorridere per un solo istante, spuntai rapidamente la cintura di sicurezza e aprii la portiera pronta a cominciare quella nuova, anche se purtroppo breve, esperienza.

« Selène? »
La voce di mio padre mi bloccò poco prima che poggiassi i piedi a terra.

« Si papà? »
Mi voltai verso di lui con gli occhi che brillavano ed un enorme sorriso sempre presente sulle mie labbra.

Ero enormemente elettrizzata e nemmeno la mia solita pacatezza riuscì a mascherare il mio stato d'animo.

Lui sorrise lievemente.

« Ricorda che non sarà per sempre. » disse « Cerca di non

affezionarti troppo »
Il suo tono lasciava trasparire un piccolo accenno di preoccupazione e i suoi occhi cercavano sul mio viso la conferma alle sue paure.

Annuii col capo.
Gli diedi poi un bacio sulla guancia e, dopo aver recuperato il mio giubbotto dal sedile posteriore, scesi dall'auto e gli feci un ultimo saluto con un cenno della mano.

« Non preoccuparti. Andrà tutto bene! »
Sapevo il motivo per cui mi aveva detto quella frase e, conoscendomi, non potevo certo biasimarlo.

Appena qualche settimana prima avevo avuto la possibilità di acquistare alcune lezioni di equitazione, per la durata di circa un mese, ad un prezzo più che conveniente e avevo utilizzato una parte dei miei risparmi per non farmi scappare l'occasione.
Il pacchetto prevedeva delle semplici lezioni introduttive di un ora ciascuna, che avevano lo scopo di permettere a chi fosse interessato, di avvicinarsi poco per volta al mondo dei cavalli e magari, di iscriversi al termine di queste "prove di preparazione" al vero e proprio corso di base.

Sfortunatamente, la mia avventura si sarebbe conclusa molto presto. La mia famiglia non aveva le disponibilità economiche per pagarmi un corso di equitazione, né un qualsiasi altro corso volessi fare, di conseguenza mi sarei dovuta accontentare soltanto di quel mese che avevo a disposizione.

Sospirai.
In fondo quella era già una grande conquista. Erano venti anni che desideravo andare a cavallo e, in quel momento mi era stata data l'opportunità di vivere un piccolo pezzo del mio sogno.

« Forza. Ci siamo quasi! »
La macchina di mio padre si era già allontanata da qualche minuto, ed io ero ancora immobile davanti all'entrata, così mi feci

coraggio e mi diressi verso l'interno.

La struttura, dal di fuori, infondeva una sensazione di accoglienza e di calore. La zona più grande era la scuderia: una grande costruzione alta più di tre metri, dipinta con colori caldi e caratterizzata da un tetto a punta rosso scuro su cui era piantato uno di quegli strumenti che indicavano la direzione del vento, dalla forma di un cavallo in piedi su due zampe.

Di fianco alle scuderie, invece, vi era una piccola costruzione bianca, dal carattere familiare, che si elevava su due piani e terminava con un terrazzo totalmente circondato da alcune piante rampicanti dai fiori rossi e rosa.

« C'è nessuno? »

L'unica entrata disponibile dava nelle scuderie. Entrai a grandi passi e quasi sussultai di gioia nel vedere le teste di una serie di cavalli al di fuori delle proprie stalle e nell'udire il nitrito di qualcuno di quegli esemplari.

Mi morsi un labbro e non riuscii a trattenere un sorriso.

Ormai le guance erano doloranti per tutto il tempo che i muscoli del viso erano rimasti a sorridere ininterrottamente.

Feci alcune passi in avanti, per avvicinarmi ad una delle prime stalle che avevo di fronte, in attesa di vedere arrivare qualcuno a cui chiedere informazioni, ma prima ancora di poter raggiungere il cavallo bianco che era alla mia destra, la mia attenzione fu attirata da un cartello bianco a caratteri neri, posto all'imbocco di una piccola stradina, appena qualche metro dopo l'ingresso nella scuderia, su cui c'era una scritta con l'indicazione "segreteria" leggermente sbiadita ed usurata dal tempo.

« Da te verrò più tardi » bisbigliai rivolgendomi al cavallo che mi fissava incuriosito, per poi voltarmi verso quella specie di corridoio e recarmi nella stanza che molto probabilmente doveva essere l'ufficio di segreteria.

« Permesso? Posso entrare? »

La porta della stanza era aperta e all'interno una giovane ragazza, poco più grande di me, mi fece segno di entrare con un gesto della mano.
Feci così, alcuni passi in avanti e mi fermai dinnanzi alla scrivania, in attesa che la giovane terminasse la telefonata in cui era impegnata.

« Accomodati » mi disse ad un certo punto « Sarò da te tra un attimo! »

Le sorrisi e feci come disse.
Mentre aspettavo, cominciai a guardarmi intorno incuriosita, osservando principalmente le centinaia di foto di cavalli e di gare che tappezzavano le pareti gialle di quella minuscola stanza.
Un moto d'invidia nei confronti di tutti coloro che avevano la possibilità di far parte costantemente di quel mondo mi fece venire una stretta al cuore.

« ...Certamente. Allora a venerdì. Buona giornata! »
Il rumore della cornetta del telefono che veniva abbassata mi fece sussultare. Mi ero talmente immersa a fantasticare su quelle fotografie e su come sarebbe stato poter partecipare un giorno ad una di quelle gare, che la mia mente si era assentata per alcuni minuti allontanandosi dalla realtà.

« Ecco fatto. Veniamo a noi. Come posso esserti utile? »
La voce sottile della ragazza si addiceva perfettamente al suo viso sfilante e alla sua espressione delicata.

« Sono qui per le lezioni di prova » esclamai entusiasta, senza darle neanche il tempo di terminare la frase. A quelle parole, lei mi rivolse un caloroso sorriso e poggiò un foglio e una penna giusto dinnanzi a me.

« Bene. Compila questo modulo, dopodiché puoi accomodarti fuori le scuderie in attesa che arrivino anche gli altri e gli istruttori. La lezione inizierà alle 16 in punto. »
Guardai i suoi occhi scuri attraverso il sottile strato di vetro degli

occhiali che indossava e annuii con un piccolo cenno del capo per ogni informazione che mi forniva.
Dopo aver compilato, poi, ogni cella del documento che mi aveva dato, la ringraziai cordialmente per l'opportunità che ci avevano offerto e mi diressi verso l'esterno con un'esuberanza tale da rischiare addirittura di cominciare a saltellare da una parte all'altra.

Una volta fuori iniziai a contare i secondi che mancavano all'inizio della lezione divenendo, ad ogni minuto che passava, sempre più irrequieta.

16:02. Sapevo che il mio orologio portava sempre qualche minuto avanti, ma nel vedere quella scritta lampeggiare sul display del mio telefonino, cominciai ugualmente a sentire il cuore andare in fibrillazione.
Poco dopo, con l'arrivo delle altre 4-5 persone che partecipavano alla lezione, mi sentii addirittura le gambe come due budini.

Coraggio. Non puoi farti prendere dal panico proprio ora! Rimproverai a me stessa, ma il mio cuore non ne volle sapere di darmi ascolto, specialmente nell'istante in cui i miei occhi notarono la presenza di un uomo sulla trentina, affiancato da un ragazzo di qualche decina d'anni più giovane di lui, venirci incontro in maniera spedita.
Erano entrambi in tenuta da equitazione: pantalone nero, maglia bianca con lo stemma del loro centro sportivo e degli stivali neri lucidi.
Nell'osservarli mi resi conto che quello più grande aveva l'aria di essere una persona affabile e simpatica, ma allo stesso tempo molto severa. Aveva i capelli quasi del tutto rasati, gli occhi scuri e il viso a punta, con un po' di barba incolta sul viso.
Il ragazzo invece, non più grande della mia età, aveva i capelli biondo cenere, tagliati corti a spazzolino, gli occhi grigi e lo sguardo da perfetto don Giovanni.

Sorrisi a quel pensiero, ma mi accorsi subito che sarebbe

stato facile farsi conquistare da quegli occhi magnetici. Abbassai lo sguardo per non farmi sorprendere a fissarlo.

Ne avevo visti di ragazzi molto più belli e perfetti, ma la cosa che più mi colpiva in quel giovane era la sua capacità di esprimere fascino anche con i movimenti più semplici ed insignificanti quali una semplice camminata.

« Salve a tutti ragazzi » esordì all'improvviso l'uomo sulla trentina, sfregandosi le mani per il freddo che cominciava a farsi sentire in quel pomeriggio d'ottobre « Io sono Lucius e per oggi sarò il vostro insegnante » mi esaltai alla sola parola “insegnante” e da quel momento gli dedicai la mia completa attenzione « Se ci siete tutti possiamo anche cominciare » esclamò contando il numero di persone presenti « Bene. Per prima cosa, lui è mio fratello Henry. Per la prima mezz'ora starete con lui e vi farà una breve lezione di teoria, dopodiché verrete con me in campo per la pratica »

Ormai non contenevo più l'emozione. Ero letteralmente su di giri.

« Detto questo, vi lascio in buone mani » concluse poi, dando una pacca sulla spalla del fratello « Noi ci vediamo dopo »

Lo vidi allontanarsi di fretta per recarsi nel campo da cui era appena arrivato, mentre Henry ci fece strada verso l'interno delle scuderie, dove qualcuno aveva già provveduto a preparare un cavallo per la nostra lezione.

Dopo una prima parte introduttiva su quella che era l'anatomia base del cavallo e le cose che si dovevano o non si dovevano fare accanto a loro, passammo poi alla pulizia dell'animale, alle varie tipologie di spazzole e di metodi da ricordare.

« Allora? Chi vuole provare a dare una bella spazzolata a Grigio? » chiese, guardando uno ad uno ciascuno di noi, puntandoci contro uno degli strumenti che aveva usato per

strigliarlo « Coraggio, comincia tu » esclamò poi, nei confronti di qualcuno che fortunatamente non ero io « Si, perfetto, così »
Uno alla volta, poi, venne il turno di tutti e, alla fine, fui costretta anch'io a posizionarmi davanti a quel cavallo, che solo al garrese era alto un metro e settanta, in confronto al mio semplice metro e sessanta raggiunto con un paio di centimetri di tacco.

« Ecco prendi »
Afferrai la striglia con una mano, facendo attenzione a non sfiorare le dita di lui e cominciai a spazzolare il cavallo come avevo visto fare fino ad allora.

Qualcosa però, dopo un po', mi offuscò la mente, dato che iniziai a fare l'opposto di quello che mi era stato detto.
Quello almeno, era ciò che succedeva ogni volta che mi sentivo osservata da qualcuno che riusciva a farmi sentire in soggezione.

« No, non è quello il movimento » disse Henry vedendomi tentennare « Ecco, così »

Quando poggiò una mano sulla mia per mostrarmi il movimento da effettuare, rischiai quasi di mollare la presa e di far cadere la striglia per terra.
Calmati Selène, concentrati sul cavallo. È per questo che sei qui, no?

Focalizzai la mia attenzione su un unico punto preciso e dopo un po' fui in grado di continuare perfettamente da sola, senza rischiare più di fare qualche altra figuraccia.

« Si ho capito » bisbigliai, accennando ad un sorriso ed evitando in ogni modo di guardarlo negli occhi.

« Perfetto. Credo che per oggi possa bastare. » esclamò a quel punto il ragazzo, sfilandomi dolcemente la striglia da mano « Ora seguitemi che vi porto in campo da mio fratello per la prova pratica »
Mi sentii subito sollevata di non dover essere più costretta a stare in sua presenza. Era così imbarazzante sentire le proprie guance

arrossire e non poter far nulla per evitarlo.

Feci un respiro profondo e attesi che tutti s'incamminassero verso l'esterno prima di accodarmi alla fila, ma per un po' la sensazione di essere osservata non scomparve e l'imbarazzo che avevo provato fino a poco prima continuò a farsi sentire, nonostante Henry fosse lontano già una decina di metri.

Era come se qualcuno alle mie spalle mi stesse osservando, ma quando mi voltai per vedere di chi si trattasse, notai soltanto una decina di teste di cavalli che facevano capolino dalle proprie stalle.

Sarà stata soltanto un'impressione, mi dissi.

Eppure quella sensazione non voleva accennare ad andar via.

Mi costrinsi, così, a non farci caso, dopotutto in quel posto c'erano rimasti soltanto i cavalli, ma mi accorsi solo allora che tra tutti, uno in particolare, sembrava tenere lo sguardo fisso su di me.

Era scuro e aveva gli occhi neri come il carbone.

Pareva stesse fissando proprio nella mia direzione, che stesse analizzando i miei movimenti, ma nello stesso istante in cui formulai quel pensiero, mi sentii anche una sciocca per aver pensato che un cavallo potesse spiarmi.

Risi tra me e me, e senza più soffermarmici sopra, mi avviai di corsa verso il resto del gruppo che, nel frattempo, era divenuto soltanto una macchia confusa al di fuori delle scuderie.

Raggiunsi gli altri che ancora affannavo.

Henry per fortuna era già andato via e Lucius stava assegnando i partecipanti ai vari cavalli presenti.

Appena in tempo!

« ...e tu » disse infine, puntandomi un dito contro « Vai su Pegaso » esclamò indicandomi un cavallo color caramello dall'altro lato del campo.

Finalmente! La mia prima volta su un cavallo! La mia prima lezione di equitazione! Non il semplice giro sul pony alla villa comunale del paese.

Salire fu una vera e propria impresa e la mia debole forza di certo non aiutava. Una volta sopra, però, ebbi la sensazione di vivere davvero in un sogno, il mio sogno.

I primi dieci minuti furono di assestamento.
Avevo il cuore in gola e, anche se non volevo ammetterlo, le gambe mi tremavano per la paura di cadere.
Gli esercizi che ci fecero fare per tenerci in equilibrio parvero, in un primo momento del tutto innocui, ma dopo un po' cominciarono a far sentire i propri effetti.

« Mantenetevi in sospensione! Forza! » la voce di Lucius mi assordava i timpani « Più forza in quelle caviglie! Andiamo! Alzatevi da quella sella! »

Nonostante il fatto che i movimenti da fare non fossero poi così tanto difficili, incontrai ugualmente un po' di problemi nel farli.
Provai a metterci tutto l'impegno possibile per riuscirci, utilizzando tutte le forze che avevo a disposizione, ma alla fine riuscii a rimanere sollevata dalla sella soltanto per un paio di secondi alla volta.

« Forza, ancora una volta! Su e giù! Su e giù. »
Spinsi per l'ennesima volta con la punta del piede contro la staffa e tentai di rimanere in sospensione il più tempo possibile, me finii per ricadere all'indietro dopo i soliti due-tre secondi.

Uff. Ecco a cosa poteva servire qualche mese di palestra.
Di certo però non mi sarei fatta fermare dalla mia debolezza. Ci voleva ben altro per farmi arrendere.

Mi aggrappai alla criniera marrone del mio cavallo e mi aiutai con le mani per cercare di riuscire a svolgere l'esercizio.
Quando Pegaso mosse la testa verso il basso per scacciare alcune mosche che gli erano finite negli occhi, persi per qualche attimo

l'equilibrio e mi feci cogliere dal panico.

Chiusi gli occhi e senza accorgermene, tirai le redini del mio cavallo, fermandomi di botto su di un lato del campo ed interrompendo, senza volerlo, il cammino di coloro che erano dietro di me.

« Pegaso, forza, continua a camminare! » mi urlò Lucius, ma mi ci vollero ancora alcuni secondi prima di riuscire a riprendermi.

Diedi un piccolo colpo coi talloni alla pancia del cavallo, cercando di non premere troppo per non fargli male e ripresi, così la mia marcia.

Su e giù. Su e giù. Avrei provato fino a quando non ci fossi riuscita.

Sapevo che si trattava soltanto di qualche lezione introduttiva e che non sarei mai passata a fare esercizi più complicati, ma nel mio piccolo, volevo impegnarmi comunque. Volevo dare il massimo.

2
Uno strano risveglio

Una settimana. Un arco di tempo fin troppo lungo per chi brama con tutto se stesso l'arrivo di un giorno in particolare.

Dopo la prima lezione mi sentivo più entusiasta che mai. Attendevo con ansia l'arrivo del sabato pomeriggio per poter finalmente tornare in quel magnifico angolo di paradiso.
Ogni volta che ci pensavo, sentivo crescere dentro di me una sensazione di pace e di beatitudine che mai avevo provato prima.

Deve essere questa la felicità, allora! Pensai, mentre osservavo il soffitto con aria sognante. *Peccato che mancano ancora tre giorni!*
Era trascorsa soltanto metà settimana, mentre a me sembrava fosse passato un anno intero. Le lezioni all'università erano divenute più noiose che mai e persino le chiacchierate con gli amici sembravano aver perso il loro colorito.

« Come è andata la prima lezione? » mi aveva chiesto India, l'amica di sempre, vedendomi scarabocchiare di prima mattina figure indistinte che avrebbero dovuto rappresentare una serie di cavalli.

« Alla grande! » le avevo risposto, e da quel momento avevo

cominciato a parlare ininterrottamente per una buona mezz'ora, di tutto ciò che avevo visto, fatto, di quello che avevo provato in quel posto e, sì, anche di quello che Henry era stato in grado di farmi con un semplice sguardo da "Non posso farci niente se la natura mi ha fatto così carino".

Una volta terminato il mio racconto, però, non ebbi più l'opportunità di ritornare sull'argomento, così fui costretta a sorbirmi i soliti discorsi delle altre ragazze sul nuovo negozio Dolce&Gabbana o sulla nuova borsa di Gucci che avevano appena acquistato e che costavano quasi quanto un intero stipendio che mio padre guadagnava in un mese.

« Come è ingiusta la vita! » mormorai, ripensando a quanto facilmente le persone erano portate a spendere il proprio denaro per oggetti futili e senza dare alcun valore alle cose.

Chiusi il mio diario e posai la penna all'interno del mio amato porta-pastelli a forma di cane, dopodiché andai a gettarmi sul letto, rintanandomi sotto il caldo piumone a fiori blu e rosa, che ogni anno, a partire da quel periodo, mi faceva compagnia durante le notti più buie.

Erano le 23:54 quando guardai l'ultima volta l'orologio prima di chiudere gli occhi.

L'indomani mi sarebbe aspettata un altra noiosissima ed interminabile giornata e mi servivano tutte le forze che avevo a disposizione per riuscire a superarla.

« Buonanotte mondo! » sussurrai.

Poi, spensi la luce della lampada sul comodino e mi strinsi al cuscino, sprofondando velocemente nel mondo dei sogni.

Quando mi svegliai, qualcosa mi solleticava il naso. Cercai di riconoscere l'odore, ma non mi era molto familiare.

Mi mossi. Probabilmente qualche peluche era caduto dalla mensola sopra il mio letto ed ora si stava strofinando contro il mio viso con i suoi peli sintetici, provocandomi quella sensazione che si prova qualche attimo prima di uno starnuto.

Mi voltai così dall'altro lato del letto, credendo in quel modo di evitare il problema, ma quel leggero fastidio continuava a persistere.

Erano forse caduti tutti i peluche che avevo ed ora stavano invadendo il mio letto senza permesso?

Arricciai il naso, trattenendo a stento uno starnuto, e nel muovermi sfregai la guancia contro qualcosa di secco.

Cosa stava succedendo ora anche al mio cuscino?

Aprii leggermente le palpebre, infastidita. Odiavo svegliarmi nel bel mezzo della notte, specialmente quando il giorno dopo avevo lezione. Una volta aperti gli occhi mi ci sarebbe voluto un miracolo per farmi riaddormentare.

Una debole luce rossastra mi riempiva la visuale.

La mia vista era ancora appannata, ma ricordavo abbastanza bene di aver spento la luce prima di coricarmi.

« Uff, ma che succede ora? »

Mi strofinai gli occhi con il palmo delle mani e mi sedetti in mezzo a quello che credevo fosse il mio letto, ma che evidentemente non era così.

« Ma che diamine...? » mi si bloccarono le parole in gola per lo shock quando vidi cosa c'era a circondarmi « Che ci faccio qui? »

Deglutii a fatica, mentre un cumulo di filamenti dorati veniva illuminato da una piccola luce proveniente dalla parete opposta.

Mi passai una mano tra i capelli, continuando a guardarmi intorno senza riuscire a capire, e alcuni di quei fili secchi e lunghi mi rimasero impigliati nelle mani.

Li guardai, con la stessa espressione di chi guarda un titolo di giornale del tutto inaspettato, ma con una domanda ben diversa nella mente.

Cosa ci facevo nelle scuderie del centro ippico nel bel mezzo della notte? E soprattutto, come ero arrivata fin lì?
Lasciai cadere i fili di fieno che avevo tra le mani e controllai che nessun altro mi fosse rimasto impigliato nei capelli.
Strano davvero! Ma la cosa principale a quel punto era cercare di andarsene di lì prima di essere scoperti.
Non avevo intenzione di trascorrere il resto della notte in una cella di prigione con l'accusa di violazione di domicilio!

Mi alzai in piedi, accorgendomi a quel punto di essere perfettamente vestita con un paio di jeans scuri e una maglietta verde acqua con la scritta “Love me” a caratteri rossi, e la cosa non poté che sorprendermi ancora di più.
Scossi il capo. A tutte quelle stranezze ci avrei pensato dopo. Meglio andar via e chiamare papà per farsi venire a prendere!

Iniziai, così, a guardarmi intorno, nel tentativo di orientarmi e di capire quale fosse la strada che portava all'uscita.
In quel buio, però, l'unica cosa che riuscivo a vedere meglio erano le mie scarpe e le piccole lucette poste all'interno di ogni stalla, che illuminavano parzialmente anche la strada centrale.
Eppure non mi era sembrato così difficile la prima volta che avevo messo piede lì dentro.
Sarà che di notte ogni cosa sembra uguale se visto sotto una luce diversa.

Una volta individuato l'angolo a cui svoltare, per non ritrovarmi nuovamente al punto di partenza, avanzai in maniera più spedita, sperando di trovare almeno una porta semi-aperta o almeno senza alcun catenaccio da forzare.

« Alla mamma di sicuro prenderà un colpo quando chiamerò a casa! » pensai guardando l'orologio e pensando a quello che avrei dovuto subire una volta fuori di lì « Magari crederà alla versione del sonnambulismo! Dopotutto, finora sembra la più logica »

Tastai la tasca alla ricerca del cellulare, preparandomi già con la mente a digitare i numeri, ma qualcosa di morbido entrò in contatto con la mia mano: fazzoletti.

Sgranai gli occhi nel guardare il pacchetto bianco nella mia mano.

Possibile che quella notte ero riuscita, chissà come, a vestirmi, ad uscire di casa e ad arrivare in quel posto lontano chilometri dalla mia abitazione, preoccupandomi di portare con me un pacco di fazzoletti e non un cellulare?

Cominciai ad andare nel panico.

E ora che faccio?

« Ok, calma Selène! Non farti prendere dal panico! Fai un respiro profondo » inspirai ed espirai più volte a pieni polmoni « Vedrai che andrà tutto bene! » tentai di rassicurarmi « Ci deve essere di sicuro un telefono da queste parti! » mormorai « Ma si certo! La segreteria! Ho visto la ragazza che parlava con un telefono fisso. Non devo far altro che andare lì e chiamare casa! Speriamo solo di non trovare chiuso a chiave »

Voltai l'angolo ritrovandomi nel vialone dell'ingresso delle scuderie e intravidi da lontano la stradina da imboccare per trovare la segreteria. Quando però feci i primi passi per attraversarlo, un rumore strano mi fece indietreggiare.

Probabilmente sarà stato qualche cavallo a muoversi. Pensai, non vedendo nessuno. O qualche topo. Ma non appena avanzai nuovamente, percorrendo alcuni metri, un rumore di passi mi fece trasalire.

Sfortunatamente, non si trattava di un cavallo. Quello non era un rumore di zoccoli, ma il suono flebile di un paio di stivali che calpestavano il fieno.

Notai soltanto allora che una delle stalle aveva la porta completamente spalancata e, la luce proveniente dall'interno era più forte rispetto alle altre.

Sentii le gambe cominciare a tremare.
Cosa avrei detto se mi avessero scoperta? Coma avrei giustificato la mia presenza in quel posto. Di sicuro avrebbero creduto che ero qualche ladruncola da quattro soldi o una drogata alla ricerca di un po' di "anestetico per cavalli".

Il mio primo pensiero fu quello di correre, di scappare via ed andare a rintanarmi in qualche angolo buio fino a che non si fosse fatto giorno, ma il cuore mi batteva talmente forte da non permettermi di sentire neanche la parte lucida dei miei pensieri.
Restai così immobile, con lo sguardo fisso su quella stalla da cui, da un momento all'altro, sarebbe uscito sicuramente qualche guardiano che mi avrebbe scoperta.
Muoviti! Scappa! Gridava la mia testa, eppure le mie gambe non riuscivano a muoversi neanche di un millimetro.

Chiusi gli occhi, sperando che il non vedere mi avrebbe fatto calmare, anche se solo leggermente.

« Visto? In fondo non era poi così difficile! » bisbigliai esultante tra me e me, dopo il terzo o quarto passo che riuscii finalmente a fare all'indietro, continuando però a mantenere gli occhi chiusi.

« E tu chi sei? » chiese poi una voce giovanile, in tono estremamente sorpreso, inchiodando di nuovo i miei piedi al terreno.
Oh no. Ora credo di essere nei guai.

Aprii un occhio e poi l'altro, preparandomi sin da subito a gettarmi ai piedi della persona che avevo di fronte per supplicarlo di non chiamare i carabinieri e di non farmi arrestare.
Ti prego, fa solo che non sia Henry!

Di sicuro quello sarebbe stato molto peggio che finire in prigione.

« Ehi? Ragazza? »
Il suo tono pacato mi sorprese enormemente, ma a sorprendermi

ancor di più fu la vista di un giovane ragazzo sui ventitré anni, dal fisico esile, ma ben strutturato e da un paio di occhi neri come il carbone che mi fissavano incuriositi come se non avessero mai visto un essere umano prima di allora.

« Come hai fatto ad arrivare qui? » chiese, confuso, continuando a parlare e ignorando del tutto il mio perenne rimanere in silenzio.

« Eh » riuscii a dire dopo un po' « Bella domanda » mi dondolai sui talloni, pensando a qualcosa di sensato da dire e continuando a fissare il giovane da capo a piedi.

Con quella luce soffusa che gli illuminava il viso sembrava quasi il riflesso di qualche anima smarrita nel tempo.

Aveva la pelle chiarissima, liscia e senza imperfezioni come quella di un bambino, nonostante il sottile strato di barba presente sul viso; il naso era dritto e le labbra erano di un rosa leggermente più scuro della sua pelle e abbastanza carnose da farmi chiedere cosa si provasse a sfiorarle con le proprie.

Scacciai rapidamente dalle mente quegli assurdi pensieri e tornai a concentrarmi su di lui. Notai subito che i capelli erano biondo chiaro, lunghi poco meno di una decina di centimetri dalla radice ed erano separati da una fila al centro che lasciava intravedere il nero all'attaccatura dei capelli.

Tintura? Eppure sembravano troppo naturali per poter essere solo un riflesso. Ma che importanza aveva?

Indosso aveva un paio di jeans chiari, abbastanza larghi da permettergli di muoversi liberamente e senza difficoltà e una maglia bianca aderente, arrotolata fino ai gomiti e leggermente macchiata di terreno.

In mano aveva uno di quei tridenti che venivano utilizzati per spostare il fieno, e lo teneva stretto, a mezz'aria, con un mucchio di quei filamenti dorati ancora attaccati all'estremità.

Ecco che tornava quella sensazione di essere osservata.

I suoi occhi, inchiodati nei miei, riuscivano a bruciare ogni centimetro di pelle su cui si poggiavano.
Le sue sopracciglia erano incurvate verso il basso in tono interrogatorio e la sua espressione, dapprima confusa e poi incuriosita, aspettava pazientemente una mia risposta.

« Ehm, io.. » mi accorsi troppo tardi di non aver ancora trovato una scusa plausibile che mi avrebbe anche solo parzialmente giustificato « Non so come sono arrivata qui » mormorai, direzionando gli occhi verso la punta dei miei piedi « Credo di essere sonnambula »

Mi resi conto di quanto dovessi sembrare stupida o bugiarda soltanto dopo aver pronunciato quelle parole.
Ero quasi certa che quel ragazzo, sarebbe corso subito a chiamare qualcuno che si sarebbe occupato di me, ma ormai mi ero rassegnata a quell'idea e non provai nemmeno a fuggire.
Il silenzio che, a quel punto, calò intorno a noi, fu piuttosto imbarazzante.
Non ebbi il coraggio di alzare gli occhi per vedere quale fosse stata la sua reazione, ma nel momento in cui la sua risata riempì tutta l'aria intorno a noi, mi sentii talmente confusa da cominciare a fissarlo con un'espressione incredula.
Mi stava prendendo in giro o cosa?

« Davvero non sai come sei arrivata qui? »

Scossi il capo.
Non riuscivo a capire se mi credeva o se stava solo cercando di capire che tipo di bugiarda si trovava davanti.

Con un rapido movimento del braccio, impalò il tridente che aveva in mano in una pila di fieno poco distante, dopodiché si pulì le mani e mi si avvicinò di alcuni passi.

« Come ti chiami ragazza? » chiese, poi, con tono più deciso e sicuro.
Si fermò ad alcuni metri da me e poggiò le mani nei fianchi. I suoi

occhi mi scrutarono, questa volta interessati e qualche secondo dopo essermi persa nel suo sguardo, cominciai a dubitare della mia lucidità mentale.

Altro che Henry! Quegli occhi magnetici erano in grado di inchiodarmi al suolo in meno di qualche istante.

« S-s-se-senel » balbettai.

Lui sorrise.

« Ti chiami Sesenel? » trattenne una risata, mentre io divenni rossa d'imbarazzo.

« Volevo dire.. » mi corressi subito, per non sembrare ancora più stupida « Selène. Si. Selène. »

Ma quand'è che avevo deciso di dirgli il mio vero nome?

Quando le sue labbra mi sorrisero di nuovo capii quale dovesse essere stata la risposta a quella mia domanda.

Che rabbia! Odio quando i ragazzi mi fanno questo effetto! Perché devo sentirmi sempre così a disagio in loro presenza?

« Selène » ripeté lui, alzando gli occhi al soffitto e massaggiandosi la base della gola con le mani « È un nome...particolare » si fermò per qualche istante per pronunciare quell'ultima parola « Non è molto comune da queste parti. »

Annuii, osservandolo mentre mi dava le spalle e si allontanava verso la stalla da cui era uscito.

« Allora Selène. Cosa ti porta qui? »

Raccolse qualcosa da terra, con fare noncurante e la gettò alle sue spalle, senza preoccuparsi del fatto che potessi scappare o potessi nascondermi da qualche parte.

Era davvero così sicuro di se?

Sollevai le spalle, per ribadire il mio "Non so come sono arrivata qui", ma lui, ovviamente, era impegnato ad osservare altro, quindi quando si voltò verso di me con un'espressione accigliata, capii che attendeva ancora una mia risposta.

« Te l'ho detto. » mormorai sentendomi improvvisamente

infastidita « Non lo so come sono arrivata in questo posto. » diedi un calcio ad una piccola pietra davanti la punta dei miei piedi e questa rotolò fino a qualche metro oltre le sue spalle « So solo di essermi addormentata nel mio letto, al caldo tra le mie coperte, e di essermi risvegliata d'improvviso qui, circondata da fieno e terriccio bagnato! » non riuscii a controllare il pizzico di rabbia con cui quelle parole fuoriuscirono dalle mie labbra e neanche compresi il motivo per cui mi sentivo così frustrata, ma la cosa che riuscii a comprendere pienamente, fu l'atteggiamento divertito del ragazzo che avevo di fronte.

Dovevo sembrargli davvero una fuori di testa!

« Tu invece chi sei? » chiesi dopo un po' « Lavori qui? »

Sorrise.

Lo vidi riflettere per qualche istante, poi guardarsi intorno in maniera amorevole.

« Beh, si diciamo di si »

« Mmm » aggrottai le sopracciglia « Non ti ho mai visto da queste parti »

Lui mi fissò sbigottito.

« Vieni qui spesso? »

Mi morsi un labbro. Che stupida che ero stata! Ero stata lì soltanto un giorno e già mi comportavo come se ci fossi cresciuta. Mio padre aveva ragione a dire che dovevo stare attenta a non perdere troppo la testa.

« Ehm, no. In effetti no. Sono stata qui solo una volta » confessai, piena di vergogna, mentre sul suo viso tornò a farsi strada l'accenno di un sorriso beffardo procurato nuovamente dalla mia idiozia.

« Lo immaginavo » disse, riprendendo in mano il tridente e cominciando a riempire di fieno la stalla vuota « Anch'io sono nuovo qui » confessò poi « Sono arrivato da poco »

« Oh »

La facilità con cui gettava quei cumuli di fieno da una parte ad un'altra, senza accusare neanche il minimo sforzo, mi fece venir voglia di provare a fare la stessa cosa.

Aveva addirittura l'aria di divertirsi.

« Come ti chiami? » chiesi a quel punto, ricordandomi di non sapere neanche il suo nome.

A quella domanda i suoi occhi mi guardarono come se avessi appena chiesto “In che anno siamo?”.

Riprese, poi, da dove si era interrotto, evitando di rispondermi.

« Non..ehm, dato che ti ho detto come mi chiamo..non posso sapere almeno tu chi sei? »

Anche se era di spalle riuscii a sentire che sorrideva.

« Ci sono io? » si voltò lentamente, mantenendo la mazza di legno con entrambe le mani « Un sogno »

3
Il sogno

« Un sogno? »

Aveva davvero detto di essere un sogno? Sbattei più volte le palpebre. *È vero che sei carino, ma ora non credi di esagerare?*

« Dico, mi stai prendendo in giro o cosa? » la mia voce si fece squillante e sul mio volto comparve una nota di sarcasmo.

Quando lui scoppiò a ridere, la sua risata mi attraversò le ossa dalla testa ai piedi, come una scarica elettrica.

« No, dico sul serio. Non ti sto prendendo in giro. Sono davvero un sogno. In questo momento non sei tu ad essere qui, ma solamente il tuo subconscio »

Sgranai gli occhi dallo stupore.

Avevo le braccia incrociate al petto, e lo sguardo fisso sulle mie dita. Dovevo credergli? Non riuscivo a capire come potesse essere possibile. Anche se quella, in fondo, era l'unica cosa plausibile, sembrava tutto così reale.

Dire che ero confusa era ben poco.

« Un sogno? » ripetei, questa volta in maniera più incerta, quasi con la voce tremante « Ma è assurdo...non può essere...un sogno? »

Lui mi sorrise, ma ero fin troppo sconvolta per poterci fare caso.

« Un sogno » ripetei per l'ennesima volta.

No, non potevo crederci. Mi guardai attorno ed era tutto fin troppo vivido, fin troppo reale. Di sicuro credeva che fossi pazza e stava approfittando della situazione per divertirsi alle mie spalle.

« Vieni qui, ti faccio vedere » disse ad un certo punto lui, poggiando l'asta di legno ad una parete e avvicinandosi a me e quando mi fu abbastanza vicino da farmi sentire il suo respiro sul viso, sussultai.

Non era molto alto, constatai. Sfiorava appena il metro e settanta. Il che era al di sotto dello standard di un metro e ottanta ormai diffuso tra la maggior parte dei ragazzi della mia generazione.

« Dammi una mano » sussurrò poi, sfiorandomi delicatamente un polso e sollevando la mia mano fino all'altezza del ventre.

Rimasi per un po' con il palmo aperto e rivolto verso l'alto, mentre lui frugò nelle sue tasche alla ricerca di qualcosa.

Per tutto il tempo osservai il suo viso, incerta su quello che avrebbe fatto e, allo stesso tempo, affascinata dalla tranquillità con cui effettuava ogni piccolo movimento. Poi però, uno scintillio improvviso, richiamò il mio sguardo verso il basso e fece si che i miei occhi incontrassero l'argento di una lama affilata di un coltellino, puntata esattamente al centro del mio palmo.

« No, che fai! » sbottai, sbiancando totalmente e cominciando a farmi prendere dal panico « Ma sei impazzito! » cercai di chiudere la mano a pugno, tirandomi indietro per liberarmi, ma la sua stretta mi bloccò il polso e, nonostante il suo aspetto esile, la sua forza non risentì minimamente delle mie spinte.

« Lasciami andare! » urlai « Lasciami! » mi divincolai in

ogni modo possibile, provando persino ad assestargli un calcio tra le gambe, ma nessuno dei miei tentativi ebbe effetto.

Il suo sguardo si posò soddisfatto sul mio viso, proprio pochi istanti prima che la punta gelida della lama sfiorasse la mia pelle, andando ad incidere una lunga linea trasversale per tutta la lunghezza del palmo.

Lanciai un urlo, portandomi una mano alla bocca, mentre i miei occhi osservavano impotenti il sangue uscire fuori da quella ferita. Una fitta di dolore mi percorse tutto il braccio; la mano mi pungeva enormemente e i nervi sbattevano al di sotto della mia pelle come dei tori impazziti.

Finalmente mi lasciò andare.

Mi portai istintivamente la mano a petto, stringendola a pugno e vedendo quel liquido rosso vivo colare lentamente su tutto il polso, dopodiché indietreggiai di alcuni passi andando a sbattere contro un palo di legno alle mie spalle.

« Tu sei pazzo! » urlai « Allontanati da me! »

Ma lui parve non sentire nessuna delle mie grida. Continuò a sorridere tranquillamente, ronzandomi intorno come una mosca fastidiosa.

« Ti prego, calmati. Non volevo spaventarti »

Dischiusi le labbra in un “eh?” di sorpresa.

« Oh, certo! Perché tu vai a tagliare i palmi delle mani delle persone che incontri in segno d'affetto, giusto? »

Lui scosse il capo avvicinandosi ed io mi guardai intorno alla ricerca di una via di fuga.

Quel ragazzo era pazzo! Era fuori di testa! Voleva dimostrarmi che si trattava di un sogno provandomi che non avrei sentito dolore? Si sbagliava completamente! Io il dolore l'avevo sentito eccome! E poi, cosa credeva? Che quel coltello non mi avrebbe ferita? Non gli bastava darmi solo un pizzico?

« Per favore, Selène. Guardati la ferita »

Alzò entrambe le mani in segno di resa, quasi come se fossi io quella con un arma affilata in mano, e continuò ad invitarmi a guardare il taglio che mi aveva procurato.

Questo è matto davvero!

Se avessi guardato di nuovo quel taglio profondo di sicuro mi sarebbe venuto da vomitare. Il solo ricordo di quella vista mi dava il voltastomaco.

« Ti prego, guarda »

All'ennesima richiesta, tuttavia, mi costrinsi a farlo. *I matti bisogna assecondarli per quanto possibile.*

Senza staccare gli occhi da lui, così, mi portai la mano ferita all'altezza del viso e aprii il palmo aspettandomi di vedere il sangue continuare ad uscire da quel taglio, ma quando puntai gli occhi nel mezzo della mia mano, qualcosa di strano mi fece paralizzare dallo stupore.

Non c'era niente!

La mia pelle era perfettamente intatta, rosa e liscia come la seta. Nessun segno del taglio, della cicatrice o del sangue. Nemmeno una goccia. Perfino il dolore era sparito.

« Ma come..? »

Non riuscii a finire la frase. Tra tutte, quella era la cosa più strana che mi fosse capitata.

« Che scherzo è mai questo? » sbottai con occhi stralunati, tenendomi la mano ferma a mezz'aria « Ho visto il sangue..e il taglio..Mi sono fatta male...com'è possibile che.. » lo sconcerto per quello che stava accadendo non mi fece accorgere che il suo corpo si era avvicinato notevolmente al mio e che ora distava soltanto un paio di passi da me.

« Ho capito! » esultai ad un certo punto, puntandogli un dito conto ed ignorando totalmente di essergli ad una distanza ravvicinata « Era finto, vero? Era un coltello di plastica con un liquido rosso all'interno, come quelli che si usano ad Halloween, esatto? Stai cercando di prendermi in giro? »

Lui rise appena, e una piccola fossetta si formò sul lato sinistro della guancia, là dove le labbra si erano incrinate verso l'alto.

« Non ti sto prendendo in giro » ripeté, con la stessa calma che aveva usato poco prima.

Quando mi riprese nuovamente la mano, sussultai, tirandomi indietro.

« Cosa fai? » *Quand'è che è arrivato così vicino?* « Non ci riprovare! » lo avvisai, ma lui tornò a sfiorarmi il polso e a sollevarmi il braccio in modo che avessi il palmo della mano bene in vista.

Un fremito mi salì lungo la schiena al pensiero che volesse ripetere quell'esperienza e le mie labbra si contrassero dal dolore ancora prima che la punta toccasse la mia pelle.

Ero quasi sicura che la mia teoria sul coltello giocattolo fosse esatto, ma era meglio non esserne troppo certi. Non si sa mai.

« Guardami! » sussurrò lui, a quel punto, con un tono così seducente da non poter evitare di assecondarlo.

« Eh? »

Le mie labbra pronunciarono soltanto un semplice suono. Non riuscivo a ragionare se qualcuno mi guardava come stava facendo lui in quel momento. Era come se ogni cosa intorno non avesse alcuna importanza e in quel momento per lui esistessi soltanto io.

Nessuno mi aveva mai guardata così.

« Continua a guardare i miei occhi »

I suoi occhi! Due grandi sfere nere che non lasciavano distinguere l'iride dalla pupilla. Due diamanti neri incastonati in un volto angelico, che riuscivano a risucchiare l'anima delle persone in un vortice senza fine.

« Stai forse cercando di ipnotizzarmi? » bisbigliai con un fil di voce, mentre sentivo le gambe divenire di pasta frolla.

Rise.
Da quella distanza riuscivo perfettamente a vedere il suo torace sussultare leggermente ogni volta che rideva divertito.

« Ora guarda » esclamò infine, portando la mia mano all'altezza del viso.

Per poco non vomitai.
Un lungo taglio orizzontale mi attraversava la mano, lasciando intravedere il rosso vivo al suo interno, pronto a venire fuori da un momento all'altro.
Ma invece di vedere il sangue colare fuori così come mi sarei aspettata, ciò che vidi fu una ferita che si rimarginava a vista d'occhio e una macchia rossa che si dissolveva come vapore acqueo.

Alzai gli occhi e lo fissai contrariato.
Provai più volte ad aprire bocca per pronunciare qualche parola, per dire qualcosa di sensato, ma ogni cosa si bloccò all'altezza della gola.
Illusione ottica? Ma come? Quello era troppo anche per il mago più esperto del mondo.
E poi, come era possibile che non avessi provato dolore? Ricordavo chiaramente la sensazione pungente che avevo sentito solo qualche istante prima.

« Qui senti solo quello che credi di sentire » rispose lui, quasi mi avesse appena letto nel pensiero.
Lo vidi riporre in tasca l'oggetto affilato e recarsi poi all'ingresso della stalla facendo segno di seguirlo.

« Che-che significa? »

« Significa che se vedi un fuoco che ti brucia e credi che quello sia reale, allora ti sentirai bruciare » sbattei più volte le palpebre « Ma se ti convinci che non è reale, potrai camminare tra le fiamme senza scottarti »

« Camminare tra le fiamme senza scottarmi » ripetei tra me e me, ragionando su quanto mi era appena stato detto « Quindi stai dicendo che quando mi hai tagliata ed io credevo che il coltello fosse vero, ho sentito dolore, mentre quando ero distratta e non sapevo che mi avevi ferita, non ho sentito niente perché è la mia mente che decide? »

La sua testa s'inclinò prima da un lato e poi da un altro.

« Si, direi di si »

« Oh » mormorai « Quindi si tratta davvero di un sogno? Non è uno scherzo? »

Rise ancora.

« È quello che sto cercando di dirti da un bel po'! »

Per un po' mi sentii confusa.

« Quindi non sono in pericolo? »

« No »

« Non sono fuori casa nel bel mezzo della notte »

« No »

« Quindi non chiamerai la polizia? Niente di niente? »

Riuscii a farlo divertire ancora.

« Perché dovrei? »

Già, che stupida! Perché avrebbe dovuto chiamare la polizia se eravamo in un mio sogno? Avrei potuto fare ciò che volevo se quello era soltanto il frutto della mia fantasia. A patto che lo fosse davvero. Avevo ancora alcuni dubbi al riguardo.

« Quindi anche tu non esisti! » esclamai, a quel punto, rendendomi conto che quel ragazzo poteva essere soltanto il frutto delle fantasie di una ragazza.

« Oh no » mi interruppe lui « Io esisto eccome! »

A quelle parole, i miei occhi incontrarono il suo viso, ma non riuscii minimamente a capire come fosse possibile una cosa del genere. Quella sicurezza che stavo acquistando poco per volta, stava nuovamente facendo spazio alla confusione e allo sconcerto.

Aggrottai le sopracciglia e lo fissai con un'espressione

indagatrice.

« Come fai ad esistere davvero se questo è soltanto un mio sogno? » finalmente mi decisi a raggiungerlo, muovendomi da quel palo a cui ero stata poggiata fino ad allora ed andando fino all'ingresso della stalla davanti a cui si trovava.

Il suo viso assunse uno sguardo compiaciuto.

« Ti correggo » disse lui « Ho detto che sei in un sogno, ma non nel "tuo" sogno »

Con fare estremamente naturale, allungò una mano verso i miei capelli e prese un paio di fili di fieno che probabilmente erano ancora rimasti impigliati all'interno, gettandoli poi per terra in modo che andassero a mescolarsi con tutti gli altri sparsi all'interno della stalla.

« E come... »

Stavo per dire, "come è possibile una cosa del genere?" oppure "come farei io a stare nel tuo sogno?", ma lui mi diede una risposta prima ancora che potessi formulare una domanda.

« Anch'io credevo che non fosse possibile una cosa del genere. » esclamò « Questo finché non mi sei apparsa davanti poco fa » indicò con un dito il punto in cui mi aveva vista immobile e ricordai a quel punto, che la sua prima reazione nel vedermi, era stata di completo stupore.

« Per quello che so' » continuò, dopo un po' « tutto questo accade soltanto quando due anime affini s'incontrano »

« Anime affini? » il discorso si faceva sempre più bizzarro « Vuoi dire che siamo anime gemelle? E che comunichiamo attraverso i sogni? »

Romantico. Pensai. *Ma un po' troppo surreale.*

Lui mi guardò quasi come se si fosse aspettato una risposta del genere da parte mia e le sue labbra sorrisero divertite.

« Non ho detto anime gemelle, ma anime affini. È diverso »

Non riuscii ad evitare di assumere un'espressione di assoluto sconcerto. Era come se ad un bambino di prima elementare venisse spiegato il concetto della relatività di Einstein.

« Le anime gemelle » cominciò a spiegare lui sorridendo sotto i baffi nel vedere i miei occhi da pesce lesso « Sono destinate a stare insieme perché la loro esistenza si completa a vicenda. Come due facce della stessa medaglia » disse, ritrovandosi perfettamente con la mia stessa definizione di "anime gemelle" « Le anime affini, invece, » continuò, poi « si possono considerare quasi come due parti di una stessa faccia. Come due cose diverse che però combaciano perfettamente, dando vita ad un qualcosa di assolutamente unico »

Inclinai leggermente la testa di lato continuando a non comprendere cosa volesse dire.

Le sue labbra allora si distorsero, in fare pensoso e per un po' lui si limitò a massaggiarsi il meno con l'indice ed il pollice, mantenendo gli occhi fissi sul soffitto.

« Fammi pensare » mormorò « Pensa ad una madre e un figlio » disse « Loro non sono anime gemelle, ma se provi a separare l'uno dall'altro, non farai altro che strappare un pezzo della loro anima » cominciavo a capire « Il loro legame è tanto forte quanto quello di due anime gemelle. Solo che è diverso. » concluse « Si completano, ma soltanto in maniera diversa. »

Non mi era ancora del tutto chiaro, ma pensare all'esempio di una madre con un figlio riusciva a rendere abbastanza l'idea.

« E due anime affini riescono anche a comunicare tramite i sogni? » chiesi, allora, dopo un po', aspettando che la mia mente fosse pronta ad assimilare altre notizie.

« Si e no » rispose lui tentennando « Questo non è un vero e proprio sogno, ma un luogo creato apposta dai nostri subconsci per permetterci di incontrarci liberamente »

D'un tratto chinò il capo verso il basso e la sua espressione, nonostante quegli occhi imperscrutabili non lasciassero trasparire nulla, si fece preoccupata.

« Purtroppo » esclamò « Questa opportunità non ci verrà data per sempre » quella frase mi fece sussultare. Anche se non conoscevo affatto quel ragazzo, un moto di tristezza si fece largo nel mio stomaco.

D'improvviso poi, il suono di un gallo che cantava distolse per qualche attimo la mia attenzione.

« Quindi.. » provai a dire, ma la mia voce fu coperta dal canto dell'animale che diveniva ad ogni secondo più forte « Tu esisti davvero da qualche parte... » mi tappai un orecchio per cercare di ridurre quel suono che ormai era divenuto stridulo e insopportabile « Oh, santo cielo, ma cos'ha questo gallo? » sbottai infastidita, mentre la sua espressione si fece sempre più seria.

Allungò una mano verso il mio viso e mi spostò una ciocca dei capelli dietro l'orecchio.

« Questo rumore indica che ti stai svegliando » spiegò lui « Credo sia giunto il momento dei saluti »

Fremetti.

« NO! » urlai « No, non ancora! Ho così tante cose da chiederti! » mi morsi un labbro « Come posso fare a trovarti? Dimmi almeno come ti chiami! »

Le immagini, tutto ad un tratto, iniziarono a divenire sempre più sbiadite e la figura del ragazzo iniziò ad allontanarsi rapidamente. O forse era la terra che si allungava sotto i nostri piedi.

« Cercami Selène » riuscì a dire lui prima di sparire « Sono più vicino a te di quanto pensi! » allungò una mano verso di me ed io provai ad afferrarla, ma senza risultato. Eravamo troppo distanti.

« Dove? »

Non ebbi risposta.

« Ho bisogno che tu mi trovi, Selène. Cercami negli occhi di chi incontri. Trova la mia anima, Selène » la sua voce era divenuta quasi inesistente « Cercami! »

4
La lezione

« *Cercami* »

Mi svegliai che ancora ripetevo quelle parole, borbottando altre frasi sconnesse e senza senso che non riuscii ad interpretare.

Quando mi alzai ero seduta in mezzo al mio letto e sembrava che fosse appena passato un uragano: il cuscino si trovava in una posizione verticale, mentre le coperte erano gettate alla rinfusa sul pavimento. Ero riuscita addirittura a togliere le lenzuola alla base del letto che ricoprivano il materasso.

La sveglia continuava a suonare, martellandomi in testa con i suoi soliti e odiosi Bip Bip, mentre la scritta rossa lampeggiante indicava che erano già arrivate le 6:00 del mattino e che era ora di alzarsi se non avrei voluto fare tardi a lezione.

« Per una volta che stavo sognando qualcosa di bello! » borbottai delusa, scendendo dal letto e recuperando il calzino che avevo perso sotto le lenzuola durante quella mia piccola battaglia notturna « Grazie mille! » esclamai rivolta alla sveglia che si era ammutolita solamente dopo l'ennesimo tentativo di pigiare il tasto giusto per spegnerla.

Con gli occhi ancora pieni di sonno, mi recai in bagno e mi sistemai nel miglior modo possibile per apparire almeno in modo guardabile.
Dopo una rapida doccia e una spazzolata ai capelli, ero pronta ad affrontare una nuova giornata.

« Altri due giorni e poi andrò a cavallo » esclamai alla me stessa che mi guardava con aria assonnata, dall'altra parte dello specchio.

Il mio viso quella mattina sembrava più colorito del solito, come se qualcuno mi avesse fatto arrossire.
Sorrisi. In effetti quel sogno mi aveva fatto provare una serie di emozioni del tutto particolari.

Prima di uscire diedi un'ultima occhiata al mio aspetto e mi passai un po' di mascara giusto per nascondere il sonno che ancora era visibile sul mio volto.
Per fortuna le mie ciglia si adattavano perfettamente ad ogni cosa volessi fargli; in fondo, erano ciò che più mi piaceva del mio viso: lunghe e incurvate all'insù in maniera quasi naturale, da far credere quasi che fossero finte.
Riuscivano a mettere in risalto i miei occhi grandi color nocciola ed erano abbastanza scure da risaltare con la pelle rosea del mio viso. Insieme alle labbra leggermente carnose e di un colore rosso naturale, erano il mio punto di forza.
I capelli, invece erano il mio tormento. Per quanto cercassi di dargli una forma, continuavano a voler essere totalmente indisciplinati. Erano lunghi e lisci, leggermente scalati in avanti, ma ogni volta che li asciugavo tendevano sempre ad elettrizzarsi.

Passai un ultima volta il pennino del mascara tra le mie ciglia per separarle maggiormente, quando ad un certo punto, il volto del ragazzo che avevo sognato quella notte apparve per alcuni secondi all'interno del mio specchio.

« *Cercami* » mi era sembrato di udire, prima si saltare

letteralmente all'indietro, disegnando una lunga striscia nera sul mio volto.

Mi voltai subito alle mie spalle, ma come previsto non c'era nessuno.

Che stupida! Devo essermelo immaginato! Pensai, mentre con un fazzoletto bagnato cercavo di togliere i residui di quel colore che ormai mi si era appiccicato alla faccia. *Chissà, però, se era davvero reale o se era un'altra delle mie stupide fantasie!*

Mi riproposi di non pensarci per quella giornata, tuttavia non potei fare a meno di cercare il viso di quel giovane nelle facce di coloro che incontravo per strada, facendo attenzione ad uno, poi ad un altro, e così via.

Dopotutto, volevo credere che fosse vero. Volevo sperare che avrei rivisto quel ragazzo almeno una volta, per sentirmi parte, almeno una volta, di qualcosa di speciale, di unico.

Purtroppo, però, nei giorni seguenti non riuscii a scorgere da nessuna parte quella chioma bionda e quei profondi occhi neri e nemmeno i sogni mi aiutarono a tornare in quel posto magico, racchiuso da qualche parte nella mia testa.

Così dopo un po', decisi che forse era meglio non soffermarmici troppo, o avrei finito per allontanarmi dalla realtà, e concentrai i miei pensieri su quella che sarebbe stata la mia seconda lezione di equitazione.

Quel pomeriggio arrivai con una mezz'ora di anticipo.

Mio padre aveva degli impegni da sbrigare, così avevo acconsentito, più che volentieri, che mi lasciasse fuori dalle scuderie in anticipo rispetto l'orario stabilito.

All'interno non c'era nessuno. Solo un ragazzo straniero che stava dando da mangiare ai cavalli, portando loro la razione di fieno giornaliera.

Nel vederlo da lontano con quel tridente in mano, sentii il

mio cuore sussultare dall'emozione, tuttavia mi bastarono alcuni secondi per rendermi conto che la persona che si trovava accanto a quelle stalle non aveva nessuna chioma bionda, né la pelle chiara come la neve.

Mi misi così a girovagare indisturbata per la scuderia, passando da una stalla ad un altra ed osservando i vari cavalli immergersi a capofitto in quegli enormi ammassi di fieno per consumare quello che doveva essere il loro pranzo.

Ad un certo punto, però, una presenza alle mie spalle, mi fece voltare di scatto.

« Ehi. Ciao »

« Oh. Henry, ciao »

Nel vedermi, il suo volto aveva assunto un'espressione interrogatoria, quasi a volersi chiedere che ci facesse una sconosciuta all'interno delle sue scuderie.

« Scusami, è che sono arrivata un po' in anticipo per la lezione e ho cominciato a passeggiare qui intorno » mi giustificai, col capo chino e lo sguardo mortificato.

« Ah, sei qui per le lezioni di prova! » rammentò lui « Si, ora ricordo! Tu ti chiami...? »

« Selène » risposi, cercando di mostrarmi sicura di me, al fine di evitare le stesse figuracce della volta precedente « È un problema se aspetto qui? »

« Oh no, figurati. Non c'è nessun problema » rispose lui e quegli occhi grigi mi scrutarono da capo a piedi come se fossi stata vestita in qualche maniera ridicola « Anzi, se vuoi, puoi farmi compagnia. Stavo giusto andando a sellare uno dei cavalli per la vostra lezione. Magari posso darti qualche dritta in anticipo » spinse leggermente il suo gomito sulla mia spalla, con fare complice e mi fece un occhiolino appena percettibile. O forse me l'ero immaginato?

« Si, con piacere! » esultai, sorprendendomi per la

spontaneità e la sicurezza con cui avevo parlato « Fa sempre comodo qualche consiglio in più »

Gli feci un sorriso, sentendo formarsi quei piccoli buchi al centro delle guance, che nascevano ogni volta che sorridevo di cuore.

« Perfetto. Andiamo allora. Seguimi »

Uno strano dubbio mi balenò in mente. Che fosse lui il ragazzo del sogno? In fondo, ripensandoci, quel giovane mi aveva chiesto di trovare la sua "anima" non il suo "corpo". Che avessi sbagliato tutto?

Mentre seguivo attentamente i movimenti di Henry, notai che a differenza della settimana precedente, i suoi atteggiamenti sembravano leggermente diversi. Era quasi come se si fosse accorto della mia presenza. Come se mi "vedesse".

Il che non fece altro che confermare ancora di più le mie ipotesi.

Santo cielo, non posso credere che sto pensando davvero ad una cosa del genere!

Già, era assurdo! Come potevo essere sicura che non avrei fatto soltanto la figura della stupida nel dirgli che "L'avevo trovato"? Dovevo avere delle prove, dovevo avere la certezza che fosse lui. Ma in che modo?

Sbuffai, non riuscendo a trovare una soluzione a quel dilemma.

« Cosa c'è? » chiese lui ad un certo punto, uscendo dalla stalla con un cavallo pezzato bianco e marrone e legandolo ad una corda per non farlo allontanare « Ti annoi? »

Avvampai per l'imbarazzo.

« No, affatto »

« Allora perché stavi sbuffando? »

Scossi il capo con energia, sentendo i capelli sbattere contro le mie guance.

« Ero sovrappensiero. Non mi annoierei mai qui! » *Con te.*

Lui sorrise, per poi chiedermi di passargli il sotto-sella alle mie spalle.
Lo individuai con facilità e glielo porsi appena sopra la schiena del cavallo. Quando mi sorrise di nuovo e mi ringraziò gentilmente mi sentii lusingata per quelle piccole e apparentemente insignificanti attenzioni, ma ciò che provai fu completamente diverso da quello che avevo sentito durante quel sogno.

Era, come dire, meno intenso. Diverso, insomma.
Cercai di non farci caso e provai ad instaurare con lui una conversazione amichevole per capire quanto più possibile sul suo carattere, sulle sue abitudini e più ci parlavo, più mi rendevo conto che, al contrario delle apparenze, era davvero un bravo ragazzo.

Riuscì a sorprendermi il feeling che si creò tra noi nell'arco di una decina di minuti e ancora di più il fatto che, per tutto il tempo, non mi sentii a disagio neanche per una volta. Solo una piacevole sensazione di sintonia

Dopotutto, parlare con lui si era rivelato meno difficile del previsto.

« Vieni, ora ti faccio conoscere un po' tutti i cavalli che abbiamo qui » disse, ad un certo punto, dopo aver finito di sellare l'esemplare che era tra di noi.
Accarezzai, così, per un paio di volte la criniera di quel cavallo, dopodiché lo seguii mentre lo portava dal ragazzo che lavorava nelle stalle, chiedendogli di condurlo dal fratello in campo.

Iniziai, dunque, il mio tour privato della scuderia, accompagnata dal suono della voce di Henry, dalle sue presentazioni e dai suoi innumerevoli tentativi di farmi ridere.

« Lei invece è Oklahoma. È dolcissima, è una delle mie preferite » disse, indicando una cavalla nera con una piccola macchia bianca sulla fronte e dalla coda lunghissima, alta all'incirca un metro e cinquanta o forse anche di più.

Sorrisi, affacciandomi in quella stalla come se stessi

osservando qualcosa dalla finestra di casa, con le braccia incrociate e la guancia poggiata su di un lato.
Poi di nuovo quella sensazione di tensione, quella sensazione di essere osservati da qualcuno alle proprie spalle, di essere continuamente spiati.

Mi voltai lentamente ed incontrai soltanto lo sguardo amorevole di Henry che osservava la sua cavalla.

« È bellissima. » esclamai, cercando di sdrammatizzare e di non far vedere il mio stato d'allerta.

« Già » mormorò lui, continuando a tenere fissi gli occhi sulla sua amica a quattro zampe e allungando una mano per richiamarla a se.

Allontanandomi da lui, mi misi ad osservare i cavalli presenti nelle altre stalle accanto, sfiorando con la punta delle dita ogni centimetro di legno di quella struttura, fino a quando non giunsi nelle vicinanze di un esemplare che avevo già visto in precedenza e che aveva attirato la mia attenzione per il suo modo di fissarmi quasi come se fossi stata una preda.

« Lui di che razza è? » chiesi, mentre i miei occhi venivano assorbiti dai suoi.

Non riuscii a descrivere l'emozione che provai in quell'istante, ma era come se quel cavallo fosse nato per farsi cavalcare da me.
Che assurdità! Pensai. *Non so neanche salirci da sola su un cavallo!* Eppure non riuscivo a pensare ad altro che partire al galoppo su quel gigante.

Non fui in grado di vederlo totalmente.
Solo al garrese era alto un metro e ottanta e il suo muso mi sfiorava appena la testa. Il colore del manto era marrone scuro, con alcuni aloni neri su tutto il corpo, specialmente sulle balzane, e con la criniera e la coda più scura della notte.

Allungai una mano, spinta dal desiderio di sfiorarlo, di accarezzare quel suo muso, di mettere le mie dita nella sua criniera, ma la voce di Henry mi bloccò di colpo.

« No » urlò, quasi spaventato « Non toccarlo » prima ancora che potessi anche solo pensare di chiedergli il motivo, lui era già accanto a me e mi aveva spinta all'indietro di almeno mezzo metro.

Una sua mano era stretta intorno al mio braccio, mentre l'altra era poggiata delicatamente sulla mia spalla.

Lo guardai sconcertata. Stava affannando per lo spavento. Ma che gli era preso?

« Non ti conviene avvicinarti se non vuoi perdere qualche dito » esclamò a quel punto e, poco per volta, vidi il suo respiro divenire più regolare.

Spalancai gli occhi dallo stupore e mi guardai le dita che, a suo dire, avevo appena rischiato di perdere.

« Perché? È così aggressivo? » chiesi, incuriosita.

« Oh, non immagini quanto! Un leone, al confronto, è un docile agnellino » mi lasciò andare, accorgendosi d'improvviso di essermi ancora addosso, dopodiché proseguì nella sua spiegazione « Si chiama Riven. È arrivato qui da noi qualche mese fa. È uno splendido esemplare di cavallo baio di appena cinque anni. L'ho visto correre una volta ed è un vero incanto per gli occhi. Ma da quando la persona che lo ha cresciuto e che ha sempre corso con lui lo ha venduto a noi prima di trasferirsi in un altro paese, non ha voluto più farsi toccare da nessuno »

« Che storia triste! »

Abbassai lo sguardo verso il basso per poi osservare il viso di quel cavallo, pensando a tutta la sofferenza che doveva aver provato sentendosi abbandonato in quel modo dalla persona che più amava al mondo.

Era ovvio che si sentisse ferito e non volesse più avvicinare nessuno.

« Credo che aspetti ancora il ritorno del suo padrone » continuò Henry « È un peccato, però! Ha un grande potenziale e invece, trascorre i giorni rinchiuso in quella stalla a dare in continuazione dei calci alla porta nel tentativo di sfondarla. » mi morsi un labbro, sentendomi impotente di fronte a quella situazione « Non riusciamo neanche a strigliarlo. Ogni persona che si avvicina rischia di essere morso o buttato all'aria. » riuscii a leggere la tristezza nei suoi occhi. Si vedeva che era sinceramente preoccupato per i suoi animali « Oggi, non so' come, ma sembra più calmo. Tuttavia, al momento è meglio non rischiare! » mi consigliò caldamente, poggiandomi poi una mano sulla spalla e facendo una lieve pressione per spingermi verso l'esterno.

« Forza, ora andiamo. Si è fatta ora »

A quelle parole, non potei fare a meno di pensare che non mi ero resa minimamente conto di come fosse trascorso rapidamente il tempo. Quella mezz'ora era seriamente volata!

Voltai leggermente il capo, per dare un ultimo sguardo a quel cavallo, apparentemente così innocuo e, proprio in quel momento, l'animale sembrò impazzire totalmente e prese a nitrire come un matto e a dare dei calci alla porta della stalla,con le zampe anteriori. Mi si strinse il cuore.

Continuare a fissarlo, tuttavia, non sarebbe servito a nulla. Ero sicura, però, che col tempo Henry sarebbe riuscito a domarlo e a fargli recuperare nuovamente la fiducia negli esseri umani.

Quel cavallo era davvero in buone mani.

« Forza, su con quelle gambe! Metteteci un po' di forza! »

La lezione fu una ripetizione della precedente. Dopo la parte teorica con Henry, dove ci era stato insegnato a sellare un cavallo, la parte pratica previde un susseguirsi di sospensioni e di esercizi di equilibrio per rafforzare le nostre capacità.

Non che mi aspettassi diversamente. Anzi. Ero più che convinta che per le mie gambe molli sarebbero servite ore e ore di quelle passeggiate in cui facevamo solamente “su e giù” dalla

sella.
Rispetto alla volta precedente mi parve già di andare meglio. O forse erano soltanto le staffe che erano state accorciate maggiormente. Se non altro, non mi sentivo più così impaurita nello stare in sella e non ero più così ridicola quando mi aiutarono a salire.

Ad ogni minuto che passava, mi sentivo sempre più entusiasta di quell'esperienza e, neppure le urla di Lucius furono in grado di scoraggiarmi.

In cuor mio avevo sempre saputo che quello doveva essere il mio mondo sin dall'inizio e già pregustavo il giorno in cui avrei potuto farne parte a tempo indeterminato.

« Solo altri tre anni » ripetei tra me e me « Solo tre anni! Il tempo di finire l'università e di trovare un lavoro che mi permetta di sostenere le spese »

Ogni volta cercavo di pensare in maniera positiva, facendo leva sul fatto che tre anni non erano nulla paragonati ai venti che avevo trascorso senza mai fare neanche una lezione, e ogni volta riuscivo a caricarmi abbastanza da riuscire a non abbattermi definitivamente. « Solo altri tre piccoli ed insignificanti anni! »

Terminata la lezione, salutai il cavallo che mi era stato assegnato con alcune carezze sul collo, dopodiché tornai fuori le scuderie per aspettare l'arrivo di mio padre.
Sperai di avere un'ulteriore opportunità di parlare con Henry, ma sfortunatamente mio padre mi attendeva già con la nostra auto nera, da un lato del vialetto e, per quella volta, dovetti accontentarmi di salutarlo da lontano con un cenno della mano.
Sarà per la prossima volta!

5
Riven

Alla terza lezione mi sentii ancora più sicura.
Anche se quel giorno non ero al pieno delle mie forze e le gambe riuscivano a stento a reggermi in piedi dato che non mettevo nulla in bocca dalla sera precedente, una volta salita in sella mi sentii al settimo cielo.

Ormai, fintantoché non decidevano di farci correre o provare ad andare al trotto, avevo trovato il mio equilibrio.
Peccato che avevo soltanto un'altra lezione a disposizione prima di dover lasciare quel posto.

« Bene » Lucius batté un paio di volte le mani « Ora togliete i piedi dalle staffe e scendete lentamente da cavallo »

Provai una fitta al cuore nel dover già andar via così presto.
Il tempo sembrava trascorrere ogni volta più rapidamente ed ogni volta il distacco era sempre più doloroso.

A quel punto, mio padre si era rassegnato nel vedermi scendere dall'auto con aria sognante e poi risalire con in viso un'espressione imbronciata, come se mi avessero appena tolto di mano il mio giocattolo preferito.

« Forza! Prendete i cavalli e portateli alle loro stalle! »

Scesi rapidamente dal mio destriero, gettandomi un po' troppo di colpo per terra, e mi assicurai che le staffe venissero portate al loro posto per evitare che andassero a sbattere continuamente contro la pancia del cavallo.

Presi poi Beauty, il cavallo sauro che mi era stato assegnato quel giorno, e cominciai ad accompagnarlo con le redini verso lo stradone che portava alle scuderie.

« Non riesco ancora a credere che sia quasi tutto finito! » esclamai rivolta all'animale, guardando nei suoi magnifici occhi nocciola « Come vorrei poter continuare a venire a lezione ogni volta che voglio! »

Feci una carezza a Beauty, sfiorandola per tutta la lunghezza del muso e, dopo un po', lei si fermò di colpo, continuando a fissarmi.

« Ehi, che ti prende? » chiesi, guardando i suoi occhi scrutare i miei quasi in tono di sfida « Coraggio, andiamo! »
Provai a strattonarla un po' con le redini o a tirarla un po' dall'imboccatura, ma le sue zampe rimanevano sempre inchiodate al terreno.

D'improvviso poi, una risata calda e fragorosa mi riempì i timpani.

Mi voltai e vidi Henry dirigersi a grandi passi verso di me.

« Dai qui, ti faccio vedere come si fa! » mi prese le redini dalle mani ed io gliele lasciai senza farmelo chiedere una seconda volta, dopodiché iniziò ad avanzare lentamente, mentre Beauty lo seguì senza batter ciglio.

Le mie labbra si schiusero in un'espressione di sconcerto.
Gli corsi dietro, percorrendo quel paio di metri che ci separavano in meno di qualche secondo, e mi affiancai a lui nel tragitto.

« E perché con me non voleva camminare? »

Sorrise.

Senza rispondermi, poi, mi consegnò nuovamente le redini e lasciò che fossi io a condurla quella volta.
Per alcuni metri non accadde nulla. Beauty mi seguì senza darmi alcun problema, ma non appena cominciai ad accarezzarla e a complimentarmi con lei per avermi dato ascolto, ecco che le sue zampe tornarono a divenire due ancore di piombo.

« Ma cosa..? »

Ero incredula.
Ma quella cavalla ce l'aveva con me o cosa?

« Cos'è? Non le piacciono le carezze? »
La risata di Henry mi fece sentire totalmente in imbarazzo. Mi sentivo quasi mortificata per il fatto che non riuscissi neanche a farmi seguire da un cavallo.

« Te l'ha mai detto qualcuno che non devi mai guardare un cavallo mentre cammini? »

Sbattei le palpebre.

« Perché? »

Henry scrollò le spalle ed io lo guardai ancora più confusa.

« Non saprei, non gliel'ho mai chiesto » rispose sarcastico « So solo che se li guardi tendono a fermarsi il più delle volte. » si mise le mani nelle tasche della giacca e soffiò un paio di volte in aria, facendo uscire un sottile fumo di gelo « Forse credono semplicemente che tu non sappia più dove andare » ipotizzò.

Era la prima volta che sentivo una cosa del genere.
Mi fermai per qualche istante a rifletterci su e alla fine aggiunsi anche quell'informazione alle altre che avevo ricevuto quel giorno.

« Allora? Come è andata oggi la lezione con mio fratello? » chiese poi, dopo un po', nel vedere che tra di noi era calato un silenzio imbarazzante.

« Bene! » esclamai soddisfatta « Direi più che bene! »

« Non esattamente » esclamò una voce alle nostre spalle, facendomi sussultare « Ha ancora problemi a rimanere in sospensione a lungo! »

Non mi ero accorta che Lucius si trovasse alle nostre spalle e, soprattutto che avesse ascoltato la nostra conversazione.

Arrossii imbarazzata e chinai il capo per non essere costretta a guardarlo negli occhi .

« Lascia. Porto io Beauty » disse poi, avvicinandosi a me e invitandomi a passargli le redini « Henry, tu potresti andare ad aiutare un po' Amir? » lasciai che prendessi le redini dalle mie mani e indietreggiai di alcuni passi sentendomi di troppo nella conversazione.

Notai che Henry lo fissò preoccupato, quasi rattristato.

« Ancora problemi con Riven? » chiese.

« Ancora problemi con Riven » confermò lui, dando una piccola pacca sul collo di Beauty e avanzando il passo in direzione delle scuderie.

« D'accordo, vado subito » mormorò Henry rivolto al fratello, anche se ormai era troppo lontano per poterlo udire.

Si voltò a quel punto verso di me.

« Perdonami, ma devo scappare » disse « Ci vediamo la settimana prossima, ok? »

Annuii.

Di certo non potevo chiedergli di rimanere quando aveva cose ben più importanti da fare, tuttavia mi dispiacque vederlo andar via senza aver avuto neanche la possibilità di scambiare quattro chiacchiere con lui.

Sbuffai.

Ormai dovevo rassegnarmi all'idea che quello non era ancora il mio mondo. Dovevo evitare di farmi strane idee.

In fondo, dopo la mia ultima lezione, molto probabilmente non l'avrei più rivisto.

Che rabbia!

Perché la vita delle persone veniva influenzata in quel modo dal denaro? Era tutto così ingiusto!

Proseguii nel tragitto, rendendomi conto di essere rimasta sola in quel viale e di essere soltanto a metà strada dalle scuderie, quando d'un tratto, una serie di urla e di nitriti mi fecero gelare il sangue nelle vene.

Le grida provenivano dall'interno della scuderia, dove avevo appena visto entrare Henry con fare spaventato, e sembravano voler far riferimento ad una qualche lite in atto.

Senza rendermene conto cominciai ad avanzare il passo.
Ero preoccupata che potesse essere successo qualcosa di grave, ma allo stesso tempo ero anche spaventata da tutto quel caos.
In breve, vidi accorrere una serie di persone, tra cui anche lo stesso Lucius e posizionarsi, insieme ad altri, all'entrata della scuderia, quasi come a voler fare da barriera a qualcosa che scappava verso di lui, ma in un primo momento non riuscii a capire di cosa si trattasse.

Quelle grida intimidatorie erano talmente confuse e frastornanti che non mi resi conto di cosa potesse essere effettivamente accaduto.

« Fermatelo! »

« Non lasciatelo andare! »

« Prendigli le redini! »

Non servirono a nulla tutti i tentativi che stavano tentando di mettere in atto. D'un tratto, un enorme cavallo baio uscì di botto dalla scuderia, scaraventando Lucius ed altri due o tre uomini per terra, e prese a correre all'impazzata verso del campo.

Verso di me.

Riven.
Il meraviglioso cavallo dalla triste storia che avevo visto la settimana prima rinchiuso in una stalla, ora era una macchina da guerra in libertà e correva a grandi passi proprio nella mia

direzione.

Non ebbi il tempo di pensare.

Il sangue mi si gelò nelle vene prima ancora che potesse arrivare al cervello e permettermi di prendere una decisione lucida.

Avevo le gambe totalmente paralizzare dallo spavento e le caviglie pronte a cedere al minimo movimento.

E adesso che faccio? Nuvole di fumo uscivano dalle narici dell'animale e una grossa coltre di polvere s'innalzava al suo passaggio.

Il rumore degli zoccoli era come il tic tac di un orologio che segnava i tuoi ultimi minuti.

Guardai in direzione delle scuderie.

Henry era appena uscito e guardava la scena con il terrore in viso. Provò a farmi dei gesti con le braccia, ma non fui in grado di comprendere.

« Ragazza, non muoverti! » urlò Lucius a squarciagola, mentre iniziava a correre nella mia direzione « Resta immobile! Non correre! Non muoverti di lì! »

Non ebbi bisogno di sentire le sue parole per rimanere letteralmente inerme. Le gambe non ebbero la forza neanche di fare un piccolo passo.

Chiusi gli occhi, coprendomi il volto con le braccia in attesa che lo scontro con quella montagna mi avrebbe gettato per aria, e un nitrito mi rintronò forte nella testa.

Sentii, poi, il rumore degli zoccoli che pestava il terreno e un forte fracasso generale. Ed infine il nulla.

Non accadde nulla.

Rimasi immobile, senza aprire gli occhi e continuando a coprirmi il volto con le braccia, ma non ci fu alcuno scontro.

D'un tratto era calato un silenzio assordante, addirittura più fastidioso del trambusto precedente.

Quando mi feci coraggio, riuscii finalmente ad aprire le palpebre.

Poco per volta feci scivolare le braccia lungo i fianchi e attesi che i miei occhi si abituassero nuovamente alla luce del sole che mi accecava completamente, fino a che non vidi un enorme muso nero proprio davanti la mia faccia.

Deglutii.

Il suo respiro caldo mi sfiorava la pelle e i suoi occhi neri mi scrutavano attenti.

Evitai di muovermi. Per quanto avessi paura di essere aggredita improvvisamente da quel cavallo, dopo i racconti che mi erano stati fatti, l'attrazione che provavo quando gli ero accanto era indescrivibile. Come un magnetismo perfetto che attirava a se due cariche di segno opposto.

Alzai una mano fino all'altezza del mio viso e la protesi in avanti per sfiorarlo. Con la punta delle dita lo toccai sulla punta del muso. Lui cabbassò le palpebre e rimase con gli occhi chiusi per qualche secondo.

Ora capivo cosa volesse dire quel ragazzo nel mio sogno quando parlava di anime affini. Non ci sono parole nel descrivere la sensazione che si prova nel provare un sentimento talmente forte per qualcuno tanto diverso da te eppure così simile. Proprio come due parti che si completano a vicenda senza tuttavia, essere legati da nessun vincolo.

Spinta dalla pacifica reazione di quell'animale, cominciai ad accarezzarlo per tutta la lunghezza del muso, alzandomi sulle punte per riuscire a raggiungere anche la criniera, e quando gli sorridi, vidi riflessa nei suoi occhi l'immagine serena del mio viso.

« Allontanati piano » sussurrò d'improvviso una voce, riportandomi coi piedi per terra.

Mi voltai, staccando gli occhi dal cavallo, e vidi Henry che mi osservava con lo sguardo impaurito e il viso cadaverico.

I muscoli dell'animale si irrigidirono sotto la mia mano nel percepire la presenza di altre persone e le sue orecchie si tesero all'indietro per l'irritazione.

« Non preoccuparti, non ha intenzione di farmi male » lo rassicurai, continuando ad accarezzare la testa ed il collo del cavallo nel tentativo di tranquillizzarlo « Sono sicura che non farebbe del male a nessuno! »

Non ebbi neanche finito di pronunciare quelle parole che la sua testa si voltò di scatto e provò di mordere Henry ad ogni tentativo che faceva per avvicinarsi. Diede poi, un calcio alle sue spalle, avvertendo già l'avvicinarsi di altre persone.

« No, no, no, sta buono! » poggiai entrambe le mie mani su di lui, una sul collo ed una al di sotto degli occhi e, dopo qualche istante parve tranquillizzarsi « Buono » ripetei, sforzandomi di mantenere un tono di voce pacato.

Ogni volta che qualcosa lo faceva agitare era come se sentissi una sorta di vuoto allo stomaco, una specie di paura irrazionale che contrastava con i sentimenti che provavo per quell'essere.

« Henry, fa attenzione » esclamò Lucius, affiancandosi al fratello « Non stargli troppo vicino »

I due mi osservarono sbigottiti nel vedere che quel cavallo indomabile si era lasciato accarezzare da una perfetta sconosciuta e provarono più volte ad avvicinarsi a lui, senza però, ottenere nessun risultato positivo e rischiando ogni volta di essere morsi o calciati via.

« È incredibile! » mormorò Lucius esterrefatto « Sembra che voglia essere avvicinato soltanto da lei »

Sembrava non capire nemmeno lui come fosse possibile una cosa del genere.

« Sembra quasi che l'abbia scelta » proseguì Henry.

Fremetti a quelle parole.

Si, lui mi aveva scelta come il mio cuore aveva scelto lui sin dal primo momento in cui l'avevo visto, eppure ci sarebbe rimasto ben poco da trascorrere insieme dopo quella volta.

« Te la sentiresti di provare a portarlo nel suo box? » mi chiese Lucius, a quel punto, sperando in quel modo di riportare il cavallo nelle scuderie.

Annuii col capo, pur non sapendo in che modo sarei riuscita nell'impresa, dopodiché tornai ad accarezzare il collo del mio nuovo amico e a parlargli dolcemente.

« Ti chiami Riven, giusto? » bisbigliai « Che ne dici? Vogliamo tornare dentro? » non speravo seriamente che riuscisse a comprendere le mie parole, tuttavia i suoi occhi mi diedero l'impressione di essere in grado di leggere la mia anima.
Improvvisamente mi sentii nuda, privata della corazza che mi ero creata negli anni per proteggermi dalla sofferenza e mi strinsi nelle spalle quasi a volermi realmente coprire.

« Andiamo dai! » esclamai infine, poggiandogli una mano sul collo e spingendolo con tutta la forza che avevo per fare in modo che si voltasse in direzione delle stalle.
Stranamente non ebbi bisogno di ripeterlo. I suoi occhi scuri mi guardarono in viso per un ultimo attimo, poi il suo muso si abbassò lentamente e mi diede una forte spinta proprio al centro dello stomaco.

Indietreggiai, per evitare di cadere.
Non riuscii a capire cosa volesse dirmi con quel gesto, ma lasciai che la sua testa continuasse a spingermi delicatamente, fino a che non fummo abbastanza lontani dagli altri da potermi scostare di qualche metro senza rischiare di farlo avvicinare troppo a qualcuno di loro.
Fu impressionante il modo in cui lui mi seguì, da quel momento in poi, fino all'ingresso del suo box.

« Non riesco a credere ai miei occhi » mormorò Lucius rivolto al fratello « È assurdo! Non riesco a capire! » si massaggiò la testa con le dita e mi fissò a lungo, facendomi sentire in imbarazzo.

Provò poi, ad avvicinarsi al box in cui Riven era appena entrato e allungò una mano all'interno, ma solo nel sentire la sua vicinanza, il cavallo cacciò fuori la testa e provò a morderlo, mantenendo le orecchie basse e sbuffando infastidito.

« Davvero strano » mormorò.

Henry nel frattempo mi si avvicinò silenziosamente e mi poggiò una mano sulla spalla.

« Lucius » esordì in tono interrogatorio « che ne pensi di valutare per un attimo questa situazione e decidere sul da farsi? » l'uomo lo guardò incuriosito « Abbiamo l'opportunità di riuscire a "riabilitarlo" col suo aiuto » fece segno verso di me con un movimento del capo « poiché a quanto pare, al momento non fa avvicinare altri, da come hai appena visto anche tu. »

Lucius si massaggiò il mento con il pollice e l'indice, sbuffando ripetutamente e mostrando un'espressione quasi irritata. Dal suo modo di fare constatai che non gradiva molto quando non riusciva a tenere la situazione sotto controllo, tuttavia, alla fine sembrò alquanto rassegnato.

« Senti, » esclamò d'un tratto facendomi sussultare « non è che potresti passare domani in segreteria per parlare di questa faccenda? » chiese, soffrendo nel pronunciare quella frase « Non voglio obbligarti a fare nulla se non vuoi, quindi se ci sono problemi o se la nostra offerta non ti piace, non sei costretta ad accettare »

Annuii.

"Offerta". Non ebbi il coraggio di chiedere di che offerta si trattasse e per tutto il resto del tempo prima dell'arrivo di mio padre, me ne restai in silenzio ad ascoltare i discorsi tra Henry e Lucius, sentendomi sempre più a disagio per tutta la tensione che si percepiva nell'aria.

Riuscivo a tranquillizzarmi soltanto guardando i profondi occhi neri di Riven. Quegli occhi magnetici, così pericolosi eppure così

rassicuranti.
Perché quegli occhi mi ricordavano lui?

6
Il suo nome

Qualcosa mi solleticava la fronte.

Un tocco leggero, appena percettibile, si fece strada sul mio viso, sfiorandolo dalle tempie fino alla base del collo.

Una sensazione di calore mi invase da capo a piedi. Mi rannicchiai ancora di più, così come facevo quando mi stringevo alle coperte in una fredda notte d'inverno.

Una nuova carezza fece nascere sul mio viso l'ombra di un sorriso.

Aprii gli occhi.

Una luce tenue e calda mi riempì la visuale. Sbattei più volte le palpebre per mettere a fuoco le immagini e notai che una luce più accesa proveniva dalla mia sinistra, lì dove la pelle bruciava maggiormente.

Sarà la luce del sole, pensai, ma il suo colore era fin troppo intenso e la sua distanza era troppo breve per poter essere tal.

La luce di una lampada? No, non era una luce. Sapevo bene di cosa si trattava.

Mossi una mano fino all'altezza del viso e mi strofinai gli occhi fino a che l'alone sbiadito che mi offuscava la vista si dissolse gradatamente, permettendomi di vedere.

Avrei riconosciuto quel viso ovunque.

« Ben svegliata »

Delle labbra rosa s'incrinarono verso l'alto e una sensazione di calore si risvegliò dall'interno del mio corpo.

« Sei qui » mormorai « Credevo che non ti avrei più rivisto! » mi tirai su, facendo forza sulle mani e mi sedetti in mezzo alla distesa di fieno di quel box vuoto.

« Lo credevo anch'io »

La sua mano si mosse nell'aria e giunse sino alla mia testa; le sue dita s'intrecciarono ai miei capelli ed estrassero delicatamente i soliti fili di fieno rimasti impigliati al loro interno.
Lo lasciai fare, mentre i miei occhi fissavano il suo viso sereno e i suoi movimenti fluidi e aggraziati.

« Ma come funziona? » chiesi

« Cosa? »

« Questa storia dei sogni? E delle anime affini? »
Arrossii nel pronunciare quell'ultimo termine e chinai leggermente il capo verso il basso, mentre lui mi sorrise dolcemente, quasi come se avesse letto nella mia mente le emozioni che mi procurava il semplice stargli accanto.

« È semplice » bisbigliò, gettando l'ultimo filo di fieno alle sue spalle « Puoi vedermi ogni volta che vuoi. Devi solo sentirlo »

Per qualche attimo ci fu silenzio.
Nel vedere il mio sguardo confuso il suo sorriso si fece ancora più divertito e senza attendere che facessi la mia domanda, proseguì nella sua spiegazione.

« Devi sentire la connessione tra le anime. Devi pensare a me come se fosse la cosa più naturale del mondo, non come se fossi una destinazione da raggiungere »

« Oh » sussurrai.
Credevo di aver capito, ma non ne ero così tanto sicura.

« Potremmo incontrarci in questo posto ogni volta che lo vorremo » mi prese il volto con entrambe le mani e a quel gesto sussultai « Se lo vorrai » i suoi occhi neri erano impenetrabili. Non mi resi conto che una mia mano si era mossa in maniera incontrollata per sfiorargli il viso all'altezza delle tempie « Almeno finché il tempo non sarà scaduto »

Mi si gelò il sangue nelle vene.
Quell'ultima frase fu detta soltanto con un fil di voce, ma riuscii ad udirla ugualmente.

Cosa significava “finché il tempo non sarà scaduto”?

« Il tempo? » chiesi, mentre sul mio viso l'ombra della preoccupazione mi privò del mio solito colorito « Quale tempo? »

Percepii il suo respiro divenire più forte. Il sorriso sparì dal suo viso per lasciare spazio alla tristezza e le sue mani scivolarono via dal suo volto per tornare a posarsi sull'arido fieno che ci circondava.

« Allora? »

Per un po' non ebbi risposta. Lui si se ne rimase a fissare il vuoto davanti a lui per poi stendersi totalmente e poggiare le mani dietro alla testa.

« La leggenda dice » iniziò, fissando il legno del soffitto « Che quando due anime affini s'incontrano, avranno la possibilità di comunicare in modi che ad altri non è consentito » prese una pausa « ma questo, soltanto fino al primo allineamento dei tre astri, quello in cui la notte o il giorno perdono per alcuni istanti il loro splendore »

Quelle parole parvero quasi una condanna.

« Un eclissi? »

« Esattamente » confermò lui « Durante la prossima eclissi, anche i nostri “privilegi” verranno oscurati » sospirò « e rimarranno tali per il resto delle nostre vite »

Deglutii.

Ascoltare quella sorta di profezia, osservando quegli occhi più neri della notte, ti lasciava dentro un non so che di inquietante. Una serie di brividi mi risalirono lungo la schiena e la pelle delle braccia s'increspò fino a diventare ruvida come la creta.

« La prossima eclissi sarà fra pochi mesi » mormorai, facendo una conta di quanto tempo avevamo a disposizione « A giugno, se non sbaglio »

Lui annuì.

« E non potremo più vederci? »

Scosse il capo e si voltò verso di me, sdraiandosi su di un lato e poggiando la testa su una mano, in modo da sollevarsi da terra di qualche centimetro.

« Affatto » disse « Potremmo vederci comunque. Soltanto, non in questo modo. » si sedette e si diede alcune pacche sulle spalle per scrollar via il fieno « Semplicemente come tutti gli esseri normali »

Riuscii a percepire un pizzico di derisione nel suo tono di voce, ma non ne compresi il motivo. Se con l'eclissi avremmo perso l'opportunità di comunicare tramite i sogni, non significava che non avremmo potuto più vederci! Se fossimo riusciti ad incontrarci, saremmo ci saremmo potuti frequentare come due semplici amici o conoscenti. O stavo sbagliando tutto?
Se era così, allora perché avevo l'impressione che si preoccupasse tanto? Forse credeva che non sarei riuscito a trovarlo?

« Dove sei? » chiesi ad un certo punto, trovando il coraggio di affrontare quella situazione.

Se si trattava davvero di Henry, anche se cominciavo ad avere i miei dubbi al riguardo, dato che parlando con lui non ero riuscita ad ottenere molte informazioni, avrei potuto chiederglielo adesso che ne avevo l'opportunità, piuttosto che aspettare la luce del giorno con la possibilità di essere derisa.

« Come, prego? »
Le sue sopracciglia s'incurvarono verso l'alto e un'espressione confusa apparve sul suo viso.

« Non ti ho visto al maneggio » dissi « Hai detto che stai lì, ma non ti ho mai incontrato le volte in cui sono venuta »

Sorrise. Ma questa volta con fare di derisione.

« Magari non hai cercato bene »
Il suo tono calmo e sicuro di se mi fece ancora più convincere di essere sulla strada giusta. Il suo modo di comportarsi faceva intendere che ci fossimo già incontrati, eppure non riuscivo a

ricordare di aver parlato con qualcuno con i suoi stessi occhi o con il suo stesso modo di fare.

Henry di certo era la mia principale idea, ma quando guardavo i suoi occhi non riuscivo a sentire lo stesso legame che provavo con lui.

« Forse se mi dessi qualche indizio potrei capire meglio » borbottai fingendomi infastidita ed incrociando le braccia al petto, anche se ciò riuscì soltanto a farlo ridere « O forse potresti essere tu a cercare me! » aggrottai le sopracciglia e lo guardai imbronciata.

« Io non ho bisogno di cercarti » esclamò. Non ebbi neanche il tempo di replicare che lui subito proseguì « Io so chi sei! Io ti ho già trovata, Selène! Sei tu che devi ancora *trovare* me. » Mi aveva trovata? Quando? « E non posso dirti altro se non vuoi che questo incantesimo finisca prima ancora che abbia inizio. »

« Ma come? »

Sorrise ancora e tornò a distendersi.

« Ascolta il tuo cuore, Selène. Da' retta al tuo istinto! »

Dopo avermi lanciato un'ultima occhiata, rivolse gli occhi al cielo e prese a fissare un punto indefinito sul soffitto. Senza dire nulla, mi portai le ginocchia al petto e le circondai con le braccia, poggiandovi sopra il mento ed osservando la luce di una lampadina che scintillava ad intermittenza, in una delle stalle di fronte.

Provai a riflettere a lungo su ciò che mi aveva detto, analizzando parola per parola ogni singola frase e tentando di trovare qualche elemento a cui appigliarmi, qualcosa che confermasse le mie teorie, ma senza riuscire a cavare nulla.

Sbuffai.

« Non hai questo aspetto, vero? » chiesi timidamente, ad un certo punto, non riuscendo più a trattenermi.

Lo fissai a lungo, in attesa di una sua risposta, ma per un po' ottenni da lui soltanto l'accenno di un sorriso.

« No » confessò, infine « No, non ho questo aspetto »

Chinai il capo per fissarmi la punta dei piedi.

Forse un po' mi dispiaceva che non avesse realmente quell'aspetto. Sapevo che era una cosa stupida, ma ormai avevo immaginato così tante volte il suo viso sperando di poterlo incontrare nel volto di un mio vicino, da affezionarmi a quella faccia prima ancora che potessi realmente vederla senza la necessità di ricorrere a sogni o addirittura a sogni ad occhi aperti.

Coraggio. Puoi farcela! Dovevo chiederglielo. Non potevo aspettare ulteriormente.

Mi voltai di scatto verso di lui, attirando di colpo la sua attenzione, e poggiai entrambe le mani per terra, stringendo forte alcuni di quei fili dorati.

« Sei tu vero? Sei..H »

Qualcosa interruppe bruscamente la mia domanda e soltanto dopo un po' mi resi conto che era stata una sua mano a tapparmi la bocca. Senza che me ne accorgessi, si era catapultato su di me, alzandosi di scatto da terra e coprendomi le labbra in modo che non potessi finire di pronunciare la frase.

Lo guardai sconcertata. Il suo viso era così vicino al mio da permettermi di osservare il mio riflesso nei suoi occhi.

Sentivo il suoi respiro caldo sulla pelle, mentre il suo corpo, davanti a me, era in bilico in punta di piedi e sembrava che attendesse soltanto un soffio di vento per cadere a terra.

Scossi leggermente il capo, chiedendomi perché avesse reagito in quel modo e mossi freneticamente le pupille da una parte all'altra del suo viso.

« Non farlo » sussurrò lui dopo un po', a denti stretti, mentre i suoi sospiri mi accarezzavano dolcemente « Non dirlo se non sei sicura » pareva quasi terrorizzato.

Mi lasciò andare soltanto dopo che fu certo che non avessi

più pronunciato quella frase.
Non riuscivo a credere che un sogno potesse farmi sentire così: disorientata, scossa, emozionata.

Avevo il sangue che mi ribolliva nelle vene e una sensazione di calore e di fuoco che avvampava su tutto il mio viso. Senza volerlo, stavo per commettere qualcosa di sbagliato e, anche se non ne comprendevo il motivo, mi sentivo una stupida.

Nell'allontanarsi da me, il suo dito indice mi sfiorò le labbra; un lieve suono ad indicare il silenzio fu emesso dalla sua bocca.
Chinai lo sguardo non riuscendo a guardarlo in viso.

« Rovinerebbe tutto se dicessi il nome sbagliato » Ebbi come un colpo allo stomaco e il mio cuore perse un battito. « Sarebbe come rifiutare il dono che ci è stato fatto »
I miei occhi si spalancarono a tal punto per lo stupore, che sentii le ciglia sfregare contro la parte superiore delle palpebre.
Che cosa stavo per fare? Stavo davvero rovinando tutto con la mia fretta di sapere? Eppure non riuscivo a trovare una risposta migliore. Se non si trattava di Henry, allora di chi?

Non avevo parlato o incontrato così tante persone in quelle tre lezioni: gli altri ragazzi che partecipavano alla lezione erano quasi sempre diversi e molto spesso si trattava anche di donne o di uomini adulti, mentre al maneggio non c'erano molte persone con cui avevo parlato. Lucius, forse? O magari qualcuna delle persone che si occupava delle stalle? Era forse quel ragazzo straniero che avevo visto da lontano? Almeno questo avrebbe spiegato il motivo per cui lo avevo sognato con un forcone in mano.
O per caso stavo sbagliando ancora e non si trattava affatto di un ragazzo, ma di una ragazza con cui sarebbe nata un'amicizia perfetta?

No, no, no, no! Proprio non riuscivo ad arrivare ad una conclusione.
Portai entrambe le mani alla testa e scossi il capo, stringendo forte

le palpebre fino a farle diventare due fessure.
Qualcosa nel mio cuore mi diceva di averlo già incontrato prima, eppure quel suo aspetto da "ragazzo perfetto" era in grado di disorientarmi completamente. Perché non poteva mostrarsi semplicemente col suo vero corpo?

« Coraggio, Selène! So che puoi farcela »

Le sue mani si poggiarono sulle mie spalle e mi strinsero appena, quasi come a volermi dare forza.

Mi alzai e lui fece lo stesso.
Era così frustrante quella situazione. Non riuscivo a capire chi fosse eppure sapevo perfettamente chi era, perché riuscivo a sentire la sua essenza al di sotto della mia pelle.

In tutta la mia vita non avevo mai creduto ai colpi di fulmine e continuavo a pensare che fosse un'assurdità credere di potersi innamorare di qualcuno soltanto al primo sguardo, tuttavia, nel momento in cui l'avevo incontrato, qualcosa simile ad un fulmine mi aveva colpito lasciandomi totalmente senza fiato.

« No, io... » borbottai « Non ci riesco...Devi darmi un aiuto...qualsiasi indizio...qualcosa! »

Il suo volto si fece serio.

« Non hai bisogno di altri indizi, Selène! » mi rimproverò lui « Tu sai chi sono! Lo so che lo sai! In fondo al tuo cuore anche tu mi hai *visto*! » scossi il capo con più forza evitando di guardarlo « Devi seguire il tuo istinto, Selène. Non posso dirti altro! »

Finalmente alzai gli occhi e mi decisi ad affrontarlo.
Il suo volto da angelo caduto era segnato da alcune piccole rughe di costernazione.

« Ma come faccio se questo non è nemmeno il tuo vero aspetto? Come faccio a capire chi sei? Avrò parlato con te al massimo una decina di minuti, come pretendi che riesca a riconoscerti? »

Fece un sospiro.

Le sue palpebre si chiusero lentamente e i suoi muscoli si distesero poco per volta.
Un suono stridulo rimbombò poi in tutta la scuderia e le prime luci dell'alba penetrarono da una finestra posta al di sopra delle stalle.

Il gallo. Il segnale.

Stavo per svegliarmi e ancora non avevo ottenuto niente, nemmeno una risposta.

« So che lo sai, Selène. Devi solo accettare che anche la tua mente capisca! » mi venne incontro rapidamente, percorrendo quei metri che ci separavano con soli due grandi passi. Mi mise poi entrambe le mani sulle spalle e mi guardò dritta negli occhi.

« Guardami, ragazza! Guardami, Selène! » sembrava più un ordine che una richiesta « Guarda i miei occhi! Ascolta il tuo istinto e concentrati su quello che provi quando sei con me! »

Anche se il canto di quel gallo continuava a rendermi nervosa per l'imminente risveglio, cercai di rilassarmi e feci come mi disse. Guardai i suoi occhi neri come la pece e mi sentii risucchiare da quel magnetismo che emettevano ogni volta che incontravano i miei. Era come cadere in un pozzo senza fine e allo stesso tempo provare lo stesso brivido che si prova durante una discesa dalle montagne russe.

Quelle sensazioni mi invasero da capo a piedi in maniera incontrollata. Sapevo dove voleva arrivare, ormai sapevo cosa stava cercando di dirmi, ma non lo ritenevo possibile.

No, no, no, è assurdo! È completamente impossibile! Non può essere! Non può essere vero!

Scossi il capo quasi a voler scrollare via quell'idea dalla mente, ma più ci provavo, più una serie di immagini mi scorrevano davanti, riportando la mia attenzione soltanto su quei due occhi neri.

« Coraggio, Selène! » il suo grido mi rimbombò nella mente riuscendo a sovrastare il canto del gallo « Sai chi sono! Dì il mio nome! » mi diede una piccola scossa e, a quel punto, le immagini iniziarono ad allontanarsi lentamente, strappandoci poco per volta dai nostri sogni.

« Dì il mio nome, Selène! » urlò lui, mentre un moto di paura, mista ad indecisione si fece spazio nel mio animo, facendomi vacillare.

Non volevo, non potevo rovinare tutto pronunciando il nome sbagliato. Avrei voluto sentirmi più sicura, ma non avrei mai avuto la certezza.

« Dillo! »

No, non posso farlo...devo aspettare...magari durante il prossimo sogno...magari...

Quel pensiero rimase incompleto nella mia testa poiché nel momento stesso in cui vidi la sua immagine scomparire, un coraggio inaspettato mi salì dalle viscere facendomi scattare di colpo.

« Riven! »

Mi tappai le labbra con una mano.

Cosa avevo fatto? Non potevo aver detto davvero quel nome! Come mi era saltata in mente una cosa del genere?

Avrei voluto morire. Qualcosa però mi fece subito cambiare idea.

Il suo volto, ora più nitido e definito, mi sorrideva soddisfatto, allontanandosi più lentamente rispetto a qualche istante prima.

« A domani, Selène. Buon risveglio, ragazza »

7
La proposta

« Allora? Cosa ne pensi? » chiese Henry, guardando i miei movimenti per studiare al meglio ogni mia reazione.
Sembrava addirittura più entusiasta di me per quella proposta.

Distorsi le labbra.
Era tutto così inaspettato ed incredibile da farmi perdere la lucidità. A quello si aggiungeva anche l'ansia per l'imminente incontro. Non riuscivo a riflettere se ovunque mi giravo vedevo il suo volto riflesso da qualche parte. Il sogno di quella notte mi stava facendo perdere la testa.

Mi massaggiai le tempie, stringendomi la testa tra il medio e il pollice della mano destra e chiusi gli occhi per appena qualche secondo nel tentativo di concentrarmi.

« Quindi in cambio di qualche lezione al mese, dovrei aiutarvi ad avvicinare Riven e a farlo tornare il campione che era prima che venisse venduto, giusto? » annuirono entrambi.

« Esatto. L'unica cosa che ci sarebbe da pagare è l'assicurazione. Per tutelarci nel caso succeda qualcosa » spiegò « Ma si tratta appena di qualche decina di euro al mese. Oppure, se preferisci, potresti venire qui una volta a settimana e aiutare i ragazzi che si occupano delle stalle, nel loro lavoro. E in questo caso, penseremo noi a tutte le spese »

Ascoltai con attenzione.

In fondo quello che mi stavano offrendo era il sogno di una vita. Non capivo perché non mi fossi ancora gettata al suo collo per ringraziarlo. L'offerta che mi avevano fatto era più un vantaggio per me che per loro: avevo la possibilità di fare delle lezioni vere, di imparare a cavalcare ed in cambio trascorrere un po' di tempo con quella che avevo appena scoperto essere la mia anima affine. Era come andare a cinema ed essere pagati per vedere il tuo film preferito solo in cambio di un giudizio.

« Oh, e non ti ha detto che ti farò io da insegnante pratico durante le tue lezioni » aggiunse Henry, pavoneggiandosi come un gallo impettito.

« Oh beh, questo cambia tutto! » esclamai sarcastica, facendolo sorridere.

No, non avrei rifiutato quella proposta per nulla al mondo.

I miei sogni erano proprio lì, ad una parola di distanza, e per la prima volta avevo paura nel realizzarli.

È come aspettare qualcosa da così tanto tempo da non riuscire a credere, quando si verifica, che sta accadendo davvero.

« In effetti dieci euro al mese sono abbastanza fattibili. » esclamai, mentre il cuore mi batteva forte dall'eccitazione « Anche se preferirei dare una mano, per quello che posso. Voglio passare più tempo possibile insieme ai cavalli, anche se questo significa pulire le loro stalle! »

Finalmente ero riuscita a riacquistare la mia esuberanza.

I miei occhi presero subito a brillare dall'esitazione e, nel momento in cui firmai il modulo per l'iscrizione, sentii le gambe sul punto di cedermi.

Selène McKenzie. Letto, controllato e sottoscritto. Era fatta.

« Perfetto. » esclamò Lucius, prendendo il foglio dalle mie

mani e riponendolo in uno dei cassetti della sua scrivania « Ti ringrazio per quello che stai facendo. Credo proprio che questa collaborazione gioverà ad entrambi »

Sorrisi e gli strinsi la mano.

Ancora non riuscivo a credere di essere una nuova iscritta! E quando andai a provare gli abiti che avrei dovuto acquistare per le lezioni, quasi non mi riconobbi guardandomi allo specchio.

« Per le prime lezioni userai qualche cavallo più anziano » mi informò Lucius, facendomi strada nelle scuderie « E al termine di ogni lezione verrai qui a pulire Riven » camminava davanti a me senza neanche degnarmi di uno sguardo. Henry invece mi era accanto « Mio fratello sarà la tua ombra durante i primi tempi. Se hai paura o Riven reagisce in modo sbagliato, lascia che sia lui ad occuparsene »

Annuii con un cenno del capo, pur sapendo che non ce ne sarebbe stato bisogno.

« Ti lascio in buone mani » disse infine, voltandosi verso di noi e facendoci segno di continuare a proseguire da soli.

« Grazie mille Lucius » esclamai, a quel punto « Non puoi neanche immaginare quanto sia felice! »

Portai entrambe le mani al petto e lo guardai con gli occhi carichi di gioia, mentre lui si limitò a sorridere appena e a dileguarsi dietro il primo angolo come se non fossimo stati neanche presenti.

Ritrovarmi di fronte a lui fu quasi..imbarazzante. Cominciai a chiedermi se non fossi diventata davvero pazza e se quello che avevo sognato non fosse stata soltanto pura immaginazione.

Di certo nessuna persona normale sarebbe mai arrossita in presenza di un cavallo!

Mi avvicinai a lui cautamente, così come mi era stato suggerito da Henry, e tesi il palmo della mano verso di lui per farmi annusare.

Fortunatamente non aveva intenzione di mordermi, così iniziai ad accarezzarlo dalla testa al muso, lasciando che i suoi occhi mi scrutassero attentamente.

Che situazione! Forse sto davvero perdendo la ragione! Mia madre aveva ragione a dire di non leggere troppi libri fantasy!
Sorrisi, mentre la mia mano percorreva tutta la lunghezza del suo collo e, per un po', dimenticai addirittura dove mi trovassi.

« Ce ne hai messo di tempo, eh? »

Sussultai.

« Come? » chiesi, voltandomi di scatto alle mie spalle.
Henry era poggiato su una delle travi che separavano due box tra loro e mi osservava quasi ammaliato, mentre le mie mani scivolavano senza fatica sul muso di quell'animale.

« Hai detto qualcosa? »

Lui scosse il capo.

« Oh »
Eppure mi era sembrato di sentir parlare qualcuno. O forse era soltanto nella mia testa.

Guardai Riven.
Era così..strano. Come poteva essere davvero lui il ragazzo che avevo sognato?

« Quindi.. » mormorai senza che Henry mi sentisse « alla fine saresti tu che... » non riuscii a proseguire. Ma che stavo facendo? Credevo sul serio ad una cosa del genere? Di certo non avrebbe potuto rispondermi in quel momento.

« Selène? Che ne dici se andassimo a prendere Pegaso? Puoi iniziare a montare lui oggi! »
Mi voltai. Henry mi guardava in attesa di una risposta, ma per un po' non seppi cosa dire.
Lanciai uno sguardo al cavallo che avevo accanto e stranamente, sentii un certo dispiacere all'idea di non poter cavalcare con lui sin da subito. Dopotutto, sogno o non sogno, quell'animale aveva

scelto me! Tra tutti aveva scelto proprio me, e non me la sentivo proprio di allontanarmi da lui, anche se capivo perfettamente che la mia scarsa esperienza poteva essere un vero rischio.

« Non posso montare lui? » chiesi con lo sguardo supplicante, pur sapendo cosa mi avrebbe risposto.

« Mi dispiace » *Come previsto!* « Ma non è sicuro neanche per qualcuno esperto! Non sai come potrebbe reagire! »

Annuii chinando lo sguardo verso il basso. Riven invece, cominciò a nitrire e a scalciare con le zampe posteriori contro la porta, facendo dei piccoli movimenti su e giù con la testa, come se avesse intuito le nostre intenzioni.

« Vedi? Anche lui vuole uscire! » incrociai le dita delle mani tra loro e giunsi le mani in segno di preghiera « Ti prego! »

Sbattei le palpebre, così come facevano nei cartoni animati quando la bella di turno voleva conquistare il proprio lui a suon di battiti di ciglia, ma non ebbi lo stesso effetto.

Henry cominciò a ridere ed io arrossii da capo a piedi imbarazzata, per poi iniziare a prendermi in giro a mia volta.

« Facciamo così » disse lui « Per oggi, dato che si è già fatto tardi, proviamo soltanto a sellarlo a mettergli l'imboccatura e lo portiamo a fare un giro. Giusto per farlo riabituare » esultai silenziosamente facendogli uno dei miei migliori sorrisi « Ma la prossima volta, monti qualche altro cavallo! » annuii « E non aspettarti una lezione facile! Sarò tremendo! »

Risi.

Non riuscivo ad immaginare Henry con l'espressione seria e precisa di Lucius. Sarebbe sembrato davvero buffo.

« Ok, ok, per me va bene » esclamai infine, accingendomi ad aprire la porta del box.

« Fa attenzione ora che lo liberi. Cerca di legarlo a quella corda prima di provare con la sella »

Gli avrei chiesto volentieri un po' d'aiuto se non avessi saputo che

avrebbe rischiato di perdere qualche pezzo di carne.
Lasciai così che Riven uscisse tranquillamente dal suo box e cercai di condurlo verso il punto che mi era stato indicato, per legarlo ad una fune per evitare di farlo scappare.

« È incredibile » borbottò Henry mostrando nuovamente il suo sconcerto « Sembra un agnellino! »

A quelle parole Riven si voltò di scatto verso di lui, emettendo un suono simile ad un ringhio o ad un brontolio, quasi come se capito cosa volesse dire.

« Ehi! A chi hai dato dell'agnellino? »

Urlai.
Feci un piccolo salto all'indietro e fissai quel cavallo senza capire come fosse possibile, mentre Henry mi corse incontro spaventato per il mio grido improvviso.

« Cosa c'è? Stai bene? » la sua voce era allarmata, ma per un motivo diverso dal mio.

« Si » mormorai incerta, scuotendo la testa dall'alto verso il basso « Credevo di aver visto un ape » mentii spudoratamente, agitando le mani nell'aria, per darmi più credibilità.
Lanciai poi, una nuova occhiata a Riven. Il suo sguardo era rivolto verso di me ed il suo corpo perfettamente immobile.

« Perdonami » lo sentii dire « Non volevo spaventarti »

Trattenni un grido.
Feci un piccolo sorriso in direzione di Henry per tranquillizzarlo e aspettai che tornasse ad aumentare la distanza che c'era tra noi, prima di avvicinarmi un passo alla volta a quel cavallo.

« Ma come è.. »

« Possibile? » concluse lui « Beh, un essere alto e bello come me non può accontentarsi di parlare soltanto mentre dorme! » lo sentii ridere.

I miei occhi continuavano a fissarlo storditi e le mie labbra erano dischiuse in un'espressione di stupore.

« Scherzavo » continuò « anche questa opportunità ci viene gentilmente offerta fino alla prossima eclissi »
Portai una mano alla fronte, affrettandomi poi, a prendere l'imboccatura e ad infilargliela sul muso, per non insospettire troppo Henry che ci fissava attentamente.

« Non posso crederci » mormorai, facendogli passare le redini sopra la testa « Credo che sto impazzendo! »
Chinai lentamente il capo, poggiando la fronte sul suo collo, mentre lui si voltò verso di me e spinse con il muso nel mio fianco più volte per costringermi a guardarlo.

« Ehi! Anche per me è strano, ma che importa? » sussurrò al mio orecchio « Abbiamo l'opportunità di conoscerci in un modo che gli altri non possono neanche immaginare! Non pensavo che potesse essere possibile vivere una cosa del genere, ma ora sei qui e noi » s'interruppe per qualche attimo « beh, noi siamo legati da un qualcosa che è più grande di noi! »

« Tipo, amici per sempre? »

Rise.

« Beh, si una cosa del genere! »

Sorrisi, mascherando la piccola delusione che avevo ricevuto nel comprendere che quel ragazzo non mi si sarebbe mai presentato davanti agli occhi in forma umana. Non avrei mai potuto avere un appuntamento con lui, né una storia d'amore.
Dopo un po', tuttavia, mi resi conto che ciò che potevo vivere con lui era ben più grande di una semplice storia d'amore.

C'erano migliaia di ragazzi nel mondo che avrei potuto trovare carini e altrettanti con cui sarei potuta uscire, ma c'era soltanto un essere vivente su quel pianeta, con cui mi sarei mai potuta sentire realmente me stessa e con cui avrei potuto condividere un'esperienza assolutamente unica ed indimenticabile.

« Ehi? » il suo respiro mi riscaldò la guancia e non potei non guardarlo senza apparire come una sciocca « Che ne dici di fare un giro? »

Sbattei le palpebre.

« Su di te? » chiesi « Ma non posso! Hai sentito Henry! » mormorai con un fil di voce, per poi dirigermi verso lo sgabello su cui era poggiata la sella ed avvicinarlo poco per volta alla pancia di Riven.

« E allora? » mi fissò torvo « Lui crede che possa farti del male, ma io non potrei mai fartene »

Sorrisi chinando lo sguardo. Sollevai poi la sella, dopo aver messo il sottopancia ed aver seguito alla lettere tutto il procedimento che mi era stato mostrato da Henry appena la settimana prima, e gliela poggiai sulla schiena.

« Spostala più indietro » esclamò Henry da lontano, facendomi dei gesti con la mano per aiutarmi in quell'impresa « Così non gli da fastidio! »

« Spostala più indietro » ripeté Riven, imitando la sua voce in modo quasi dispregiativo « Come se sapesse davvero cosa mi da fastidio e cosa no! »

Sorrisi, lanciando ad Henry un cenno per ringraziarlo del consiglio e a Riven uno sguardo di rimprovero.

« Che c'è? » chiese lui, fingendosi innocente.

« Non dovresti essere così scontroso con lui! Non è poi così cattivo come credi! »

Chinò il capo verso il basso.

« Lo so » rispose, quella volta in modo più serio « Ma non voglio che debba essere qualcun altro a dirmi cosa provare e quando provarlo! » le sue parole parvero piuttosto risentite « Con James.. » si bloccò all'istante non appena pronunciò quel nome « Beh, non mi piace, ok? »

James. Allora era così che si chiamava il suo vecchio padrone, la persona che lo aveva ferito.

Per i minuti che seguirono evitai di parlare, lasciando che i suoi nervi si distendessero nuovamente e che la sua espressione tornasse ad essere serena.

« Coraggio, sali! » esclamò dopo un po', fingendo che quanto appena accaduto non fosse mai successo.

« Come? » chiesi « Mi hanno sempre aiutato loro a salire! Sei troppo alto! Non ci arriverò mai da sola! »

Lui scosse il capo, attirando in quel modo l'attenzione di Henry.

« Tutto bene, Selène? Possiamo andare? »

Annuii.

« Si, Henry. Soltanto un attimo che finisco di stringere meglio il sottopancia »

Nonostante i miei tentativi di tranquillizzarlo, Henry continuava a sembrare sempre in tensione, come una molla pronta a scattare alla prima occasione.

Capivo come doveva sentirsi: impotente in una situazione che di solito toccava a lui gestire, mentre altri rischiavano di farsi male per qualcosa che lui non era riuscito a fare; avrei voluto consolarlo maggiormente, ma di certo non avrei potuto dirgli realmente il motivo per cui quel cavallo aveva scelto proprio me! Di certo mi avrebbe fatto rinchiudere in qualche manicomio.

« Lo sgabello » mormorò Riven, indicandomi la piccola sedia alle mie spalle « Aiutati con quello. È abbastanza alto da permetterti di arrivare alle staffe e di salire. Al resto penserò tutto io! » osservai l'oggetto varando attentamente quell'idea e alla fine la tentazione di provare almeno per una volta fu più forte di me.

Lo presi furtivamente, posizionandolo meglio accanto a Riven e, senza pensarci due volte gli salii in groppa usando tutta la forza che avevo.

« Selène, ma che diavolo stai facendo!?! » mi urlò Henry, avvicinandosi di corsa « Scendi subito! »

Quando superò le distanze che si era prefissato di mantenere,

Riven cominciò ad allungare il muso verso di lui con l'intento di farlo arretrare e, in quel modo riuscì perfettamente nel suo intento.

« Non preoccuparti, Henry! Andrà tutto bene! » lo rassicurai, ma sapevo benissimo che non sarebbe servito a nulla.

« Ma sei fuori di testa? Puoi farti male! Scendi subito di lì! » in pochi secondi era diventato rosso come una furia « Non costringermi a farti venir giù con la forza! »

Non gli diedi ascolto. Liberai Riven dalla corda che lo teneva legato ed insieme cominciammo ad avanzare lentamente.

« Vedi? Va tutto alla grande! »

Henry ci seguì cauto mantenendosi a debita distanza e continuando a ripetermi di scendere.

« Per favore, Selène! Non comportarti come una bambina cocciuta! Cerca di ragionare! »

Mi morsi il labbro. Non mi ero mai comportata da "bambina cocciuta", nemmeno quando avevo l'età in cui potevo permettermelo e mi dispiacque sentirgli dire quelle parole.

Non volevo dargli quell'impressione, ma sapevo che lui non avrebbe mai potuto comprendere quello che sentivo.

Dopo un po' finalmente si arrese.

Riven, per tutto il percorso non diede segni di instabilità, né diede l'impressione di voler fuggire via gettandomi all'aria, così Henry fu costretto, contro la sua volontà, a darmi adito a continuare.

Se ne rimase, così, in silenzio, con il viso imbronciato e lo sguardo carico di rabbia nei miei confronti.

Appena fossi scesa di lì mi sarei subita una bella ramanzina, ma in fondo sapevo che ne sarebbe valsa la pena.

La passeggiata fu più tranquilla del previsto e dopo un po', Riven lasciò anche che Henry si avvicinasse ulteriormente, così non potei non sentirmi completamente tranquilla e serena per come stavano procedendo le cose.

Poi, però, qualcosa cambiò non appena entrammo nel campo.

Riven si guardò intorno con aria nostalgica e i suoi muscoli fremettero di eccitazione.

Riuscivo a sentirlo perfettamente. Voleva correre.

8
Il salto

La tensione gli scorreva nelle vene.
Riuscivo a sentire l'adrenalina penetrare ogni fibra del suo corpo.
Cercava di controllarsi, ma ogni suo movimento ogni suo sguardo, mi diceva che il suo più grande desiderio sarebbe stato quello di partire al galoppo.

Erano mesi che non usciva da quella stalla, grande abbastanza soltanto per fargli fare dei giri su se stesso, e le zampe cominciavano a risentirne.

« Piacerebbe anche a me, sai » mormorai, senza rifletterci troppo su, mentre i miei occhi fissavano la distesa dinnanzi a noi con fare quasi sognante.

« Te la sentiresti di provare? »
Quella richiesta giunse inaspettata lasciandomi senza parole.
Il suo collo si voltò piano verso di me per potermi guardare dritto in viso e la sua voce fu una vera e propria supplica.

« Io veramente... » avrei voluto dirgli di si, ma non sapevo neppure mantenermi in equilibrio durante una semplice passeggiata, figuriamoci in una corsa.

« Ti dirò io come fare! » propose lui « Non dovrai preoccuparti di nulla! Non ti lascerò cadere! »

Scossi il capo.

Ma quel rifiuto era più rivolto a me stessa che a lui. Avevo così voglia di provare a correre che talvolta dimenticavo quanto potesse essere pericoloso, nonostante quella sensazione di terrore mi accompagnasse ogni volta che mi ritrovavo in qualche situazione leggermente rischiosa.

« Fidati di me »

Come potevo rifiutare se me lo chiedeva in quel modo? Lo guardai negli occhi, lasciandomi ammaliare dal fascino che emanavano e tirai un sospiro di rassegnazione.

Lo sentii immediatamente eccitarsi da capo a piedi. Ogni suo muscolo era in fibrillazione.

« Henry » chiamai allora, sapendo di stare per peggiorare ulteriormente le cose « Vorrei provare una cosa » dissi e il mio tono lasciò trasparire tutta la mia costernazione.

« Cosa intendi fare? » chiese, lanciandomi uno sguardo torvo e preoccupato, ma a quella domanda non ebbe alcuna risposta.

Voltai il capo verso Riven che mi osservava traboccante di felicità e feci un ultimo respiro per prepararmi a quella corsa.

Il cuore mi batteva a mille, più veloce del rullo di un tamburo e la paura di cadere mi provocò una stretta allo stomaco.

Provai a convincermi che con lui non avevo nulla da temere, ma la perenne mancanza di equilibrio di certo non giocava a mio vantaggio.

« Selène » mi chiamò Henry, scandendo bene ogni lettera « Cosa vuoi fare? »

Chiusi gli occhi.

Dovevo soltanto lasciare che fosse Riven a guidarmi. Lasciai che mi fornisse tutte le informazioni necessarie e mi posizionai così come mi aveva detto di fare, lasciando che Henry intuisse

perfettamente le mie intenzioni.
Non lo vidi in volto, ma fui certa che la sua faccia in quel momento non sarebbe stata un bello spettacolo.

Al via Riven scattò in avanti.
Mi aggrappai forte alle redini e alla criniera per non finire catapultata all'indietro e la mia schiena si curvò in avanti per tentare di mantenere l'equilibrio.
Sentii il cuore andare su e giù nello stomaco, mentre la prima curva mi faceva sbilanciare da un lato e mi tirava verso il basso a gran velocità.
Il vento mi colpiva il volto come una frusta e gli occhi mi bruciavano per la grande quantità di polvere che mi entrava all'interno.

« Rilassati » esclamò Riven « Non essere così tesa »

« Per te è facile! » borbottai, per poi tornarmene in silenzio a fissare la strada con sguardo impaurito.
Sapevo che il terrore mi stava impedendo di godermi quell'esperienza, ma fu più forte di me; le mani mi tremavano e le gambe erano divenute due pezzi di legno.
Quando iniziai ad affannare credetti quasi che i polmoni potessero esplodere a causa dell'enorme fatica a cui li stavo sottoponendo.
Mi sentivo spaventata come non mai, ma allo stesso tempo mi sentivo una stupida nel reagire in quel modo.

« Se non trovi l'equilibrio dentro di te non lo troverai mai col tuo corpo. » mormorò Riven mentre correva all'impazzata per tutto il campo « Devi credere di poterlo fare per riuscirci davvero! Se ti convinci del contrario hai già perso in partenza! »

Deglutii.
Aveva ragione. Sapevo che aveva perfettamente ragione, eppure in quel momento sembrava tutto così complicato, così impossibile.
Con la schiena completamente curvata in avanti, in una posizione del tutto errata, le mie braccia erano strette intorno al collo di

Riven, le gambe premevano forte contro la sella e le mie dita stringevano forte la sua criniera.
Calmati! Calmati! Calmati! Gridavo a me stessa, ma era come se un muro si fosse innalzato intorno a quella zona del cervello che si occupava del mio autocontrollo e niente riuscisse ad abbatterlo.

« Lasciati andare, ragazza! »
La voce esultante di Riven era l'incarnazione della gioia pura. Quando correva sembrava addirittura un altra persona.
Era sempre stata quella la mia idea di libertà: uno spirito indomato che corre nel vento senza limiti o costrizioni.
Ora capivo perché la mia anima aveva scelto lui. Eravamo perfetti l'uno per l'altra. Un cavallo e il suo cavaliere. Io potevo dargli la libertà, lui poteva farmi volare.

« Sei pronta? » chiese ad un certo punto, e non ebbi il tempo di chiedergli cosa, sapevo soltanto che si trattava di qualcosa di insensato.

« Oh no! » esclamai, vedendolo dirigersi verso la staccionata, mentre Henry gridava totalmente terrorizzato nella nostra direzione « No, no, no! » ripetei.
Ma era già troppo tardi. Il suo cuore si trovava già dall'altra parte di quelle sbarre di legno.

Chiusi gli occhi.
È così l'emozione prima di un salto: un brivido lungo la schiena, una nuvola nello stomaco, la sensazione di poter raggiungere la vetta di un monte e di poter toccare il cielo con un dito.
Ti senti sollevare da terra come se fossi sorretta da un paio di ali ed un vuoto all'altezza dello sterno ti impedisce di respirare.

Cercai di mantenermi forte per prepararmi alla discesa e premetti la punta dei piedi sulle staffe in modo da sollevarmi leggermente e ridurre il peso dell'impatto.
Quando fu di nuovo con tutte e quattro zampe per terra, però, sentii il mio equilibrio venir meno e mi ritrovai, dopo qualche

secondo, a scivolare lentamente di lato e a tirare talmente forte la sua criniera da farlo quasi gemere.

Qualche secondo dopo ero coi piedi a terra ed il baricentro troppo spostato all'indietro per poter rimanere all'inpiedi.
Caddi e finii per sbattere col sedere per terra. Le mie mani, sporche di terriccio, erano ancora ricoperte da alcuni capelli della criniera di Riven, mentre le mie gambe continuavano a tremare dallo spavento.

Poco per volta il mio cuore rallentò i suoi battiti, ma il mio respirò faticò a tornare normale.

« Pazza! Sei completamente pazza! »
L'urlo furioso di Henry mi fece rinsavire. Avevo completamente dimenticato la sua presenza e sentirlo gridare alle mie spalle mi ricordò di cosa avrei dovuto affrontare in quel momento.

« Ma si può sapere che diavolo ti è saltato in mente? Volevi forse ammazzarti? »

Ero ancora col sedere per terra quando lui prese a rimproverarmi per il mio comportamento sconsiderato e per la prima volta riuscii a vedere in lui le somiglianze col fratello maggiore.

« No, perché se è questo che volevi, allora potevi usare qualche altro metodo senza rischiare di farmi venire un infarto! »

Chinai il capo verso il basso guardandomi le mani sporche e strofinandomi gli occhi con il polsino della maglia.

« Cosa ti ho fatto di male per farmi questo, eh? Sai che rischiamo molto se qualcuno si fa male! » borbottò « E io che pensavo che ci fossi grata per l'opportunità che ti stiamo dando! Non credevo che ti comportassi come una stupida ragazzina che fa solo quello che gli dice la testa! »

Quelle parole mi ferirono, ma assorbii i colpi a testa bassa e senza controbattere.

« Mi dispiace » mormorai, anche se non lo pensavo sul serio.

Vedere Riven felice mi aveva fatto rendere conto che avrei fatto di tutto per lui. Non volevo pensare a lui come un anima triste.

« Ti dispiace? » ringhiò lui « Tutto qui? Oh no, non te la caverai così facilmente! »

Deglutii a fatica e lo guardai interdetta.

« Non mi importa di quanto questo cavallo si faccia avvicinare solo da te. Le tue lezioni a cavallo iniziano e finiscono qui! »

« No! » sbottai, alzandomi di colpo « No, ti prego, non puoi farlo! »

Ok, avevo fatto una stupidaggine, ma in fondo nessuno si era fatto male. Perché doveva essere così duro?

« Mi dispiace, ma non riesco a tollerare che ci sia una tale mancanza di disciplina. Non se si corre un rischio del genere! Potevi rimetterci le penne per questa tua bravata! »

Mi sentii malissimo.

Non potevo spiegargli il motivo del mio comportamento e non riuscivo a trovare una scusa migliore per giustificarmi.

Cosa potevo fare? Non volevo che mi fosse tolto tutto in quel modo! Non potevo perdere quell'opportunità. Non potevo perdere lui!

Seguii Henry che nel frattempo si era allontanato per dirigersi nell'ufficio del fratello per parlare di questa situazione e nonostante avanzassi quasi di corsa verso di lui, non riuscii a raggiungerlo subito.

Quando poi sentii un nitrito in lontananza, mi voltai di scatto per vedere Riven correre all'impazzata nella sua direzione; si fermò soltanto quando gli fu davanti, tagliandogli la strada e costringendolo ad indietreggiare.

Le sue orecchie erano abbassate all'indietro e dalle narici fuoriuscivano delle piccole nuvolette di fumo che lasciavano intendere tutta la sua rabbia.

Henry si pietrificò.
Riven sembrava un torno pronto a scattare al minimo movimento ed il suo panno rosso era proprio Henry.
Continuava a sbattere gli zoccoli per terra, strisciando contro il terreno e facendo sollevare un po' di polvere ad ogni colpo.

« Porta Riven in stalla Selène, prima che faccia del male a qualcuno » mi urlò Henry, senza muovere neanche un dito per paura di essere aggredito.

« Non dargli ascolto, ragazza! » esclamò Riven « Io ti ho messo in questa situazione ed io te ne tirerò fuori, non preoccuparti! »

Corsi verso di loro.

« No! » sbottai « E anche tu, Riven, falla finita! »
Mi piazzai tra entrambi, al centro tra i due fuochi e lasciai che per un po' nessuno parlasse.
Riven indietreggiò di alcuni metri e tornò ad assumere un atteggiamento docile e mansueto, mentre Henry osservò ammaliato la sua reazione.

« Perdonami » esclamò, chinando il capo verso il basso e guardandomi mortificato con quei suoi occhi neri e profondi « Non volevo metterti nei guai »

Era sinceramente dispiaciuto per ciò che stava accadendo, ma non lo incolpavo di nulla.

« Henry, ti scongiuro » supplicai a quel punto, rivolgendomi al ragazzo che avevo alla mia sinistra « Da ora in poi farò tutto quello che mi dici, ma dammi una seconda possibilità! » non sapevo che dire « Non so che mi abbia preso, ma è stato più forte di me! »

Lui scosse il capo.

« Mi dispiace, Selène, ma non me la sento di rischiare »

Sentii le lacrime salirmi agli occhi e mi sforzai di rimandarle indietro.

« Ti prego! » ripetei « Lo so' che sembra assurdo, ma in qualche modo io riesco a..sentire.. » mi bloccai, analizzando attentamente ogni parola « ..quello che..prova e in quel momento sentivo che voleva correre con tutto se stesso. »

Sperai che comprendesse e lo fece. Sapeva cosa volevo dire, anche se non gli avevo detto tutta la verità. Nonostante ciò la sua espressione continuò ad essere colma di rabbia e di risentimento.

« Mi dispiace » mormorò, facendomi sprofondare in un mare di desolazione.

Portai entrambe le mani alla faccia e mi coprii per non mostrare ciò che stavo provando in quel momento.

Poi d'improvviso, qualcosa nel volto di Henry cambiò e mi resi conto soltanto dopo un po', che stava accadendo qualcosa che neanche lui si sarebbe mai aspettato.

Riven si era avvicinato a lui e si trovava ad una distanza di appena mezzo metro; il muso all'altezza del suo viso e nemmeno l'accenno di un attacco.

Allungò poi il capo verso di lui, facendolo dapprima indietreggiare di qualche passo e poi avanzare confuso, incapace di capire cosa stesse accadendo.

Il mio cuore si infiammò di commozione nel capire che stava facendo quel passo forzato soltanto per me.

Henry intanto, era rimasto immobile, con lo sguardo incerto e un'espressione dubbiosa. Ad un certo punto tese leggermente una mano in avanti, col palmo aperto e rivolto verso l'alto, e l'avvicinò alla bocca di Riven.

Nel constatare, con sua grande sorpresa, che non ci fu alcuna reazione da parte sua, azzardò a sfiorargli il muso e quando riuscì finalmente a poggiare la sua mano sul suo manto, un sorriso stupito e soddisfatto nacque spontaneamente sul suo viso.

« È incredibile » esclamò, senza riuscire a trovare parole migliori « È davvero incredibile »

Era emozionato quasi quanto un bambino che osserva qualcosa di nuovo, tanto che quando Riven si allontanò da lui per avvicinarsi a me, ma sua smorfia di dispiacere mi fece quasi sorridere talmente era buffa.

« È come se riuscisse a capire ogni cosa »

Trattenni un sorriso.

Riven, nel frattempo, mi aveva raggiunto e mi aveva circondata col suo collo, imitando quello che doveva essere un abbraccio.

Ricambiai il gesto, cingendolo con le mie braccia e gli diedi alcune pacche in segno d'affetto.

« È soltanto te che vuole, vero? »

Non risposi a quella domanda e mi limitai ad osservarlo speranzosa. Anche se non sapeva, stava capendo perfettamente quanto fosse profondo il legame che ci univa.

« Te l'ho detto » esclamai « È come se riuscissi a sentirlo senza aver bisogno di parole » guardai gli occhi di Riven e gli sorrisi complice, dopodiché tornai a concentrarmi su Henry « So quello che prova e lui sa quello che provo io » sospirai « Ti prego, non mandarmi via »

Quella era la mia ultima speranza.

Il volto di Henry era costernato, indeciso su quella che sarebbe stata la sua decisione, e ciò mi fece sperare per il meglio.

Aveva i pugni serrati, poggiati sui fianchi, e sbuffava ripetutamente poggiando lo sguardo in alternanza tra me e Riven.

Incrociai le dita e mi morsi un labbro freneticamente.

« E va bene » disse infine, donando nuovamente vita alle mie gambe che si misero a saltare dalla gioia « Ma soltanto questa volta! » mi avvertì, anche se la mia mente era già concentrata altrove.

Abbracciai forte il collo di Riven e lui sollevò leggermente le zampe posteriori, nitrendo entusiasta.

« Non farmene pentire! » continuò lui, per poi tornare

finalmente a distendere i nervi.

« Non te ne farò pentire, te lo prometto! Farò tutto quello che mi dirai di fare da ora in poi! » portai una mano al cuore ed un'altra la sollevai verso l'alto, in segno di giuramento.

Lui scosse il capo e si strinse nelle spalle, borbottando qualcosa fra se e se.

« Mi raccomando, non dire niente a Lucius! » lo supplicai, sorridendogli calorosamente e congiungendo le mani in segno di preghiera « Non ci tengo proprio a vederlo arrabbiato! »

Rise.

« Non so davvero cosa pensare di te, Selène McKenzie! » esclamò lui divertito, scuotendo il capo in segno di disapprovazione, mentre una smorfia beffarda si mostrò sul mio viso facendolo ridere ancora di più « Ora fila dritta alle scuderie a accompagna Riven nel suo box » provò ad avvicinarsi a lui per sfiorarlo, ma questa volta lui si scansò senza dargli la possibilità di toccarlo neanche con un dito.

Rispetto a qualche ora prima, però, c'era da dire che almeno non provava più a fargli dal male.

« Ok, come vuoi » esclamò alzando le mani al cielo « Ho capito! Un passo alla volta! »

Guardai Riven ed Henry e sorrisi speranzosa per quella che sarebbe diventata sicuramente un'amicizia unica.

Henry era davvero un bravo ragazzo e aveva già fatto per me più di qualsiasi altra persona al mondo, mentre Riven, beh, come lo potevo descrivere? Se fossi stata un uccello, lui sarebbe stato di sicuro le mie ali.

9
Vecchi ricordi

« Riven! »

« Ehi! Finalmente sei riuscita a capire come fare ad arrivare qui! »

Sorrisi e mi avvicinai a lui lentamente.
Era la prima volta che lo rivedevo con l'aspetto di un ragazzo dopo il nostro incontro al centro ippico la settimana precedente.
Per tutto il tempo non avevo fatto altro che pensare a come fare per poterlo raggiungere nei sogni, impegnandomi a fondo ogni sera ed addormentandomi ogni volta col ricordo del suo viso davanti agli occhi.

Poi quella notte era successo.
Mi mancava così tanto che ero riuscita a sentirlo nel mio cuore piuttosto che nella mia mente e ciò era stato in grado di portarmi in quella dimensione oltre i sogni, in cui potevamo vederci senza problemi e senza essere disturbati.

« Mi fa piacere che alla fine tu ci sia riuscita » sussurrò, inchiodandomi a terra col suo sguardo misterioso e seducente.

L'angolo delle sue labbra fece un lieve movimento verso l'alto e un piccolo incavo si formò appena sopra l'incavo destro. Le palpebre si abbassarono leggermente e dopo un attimo tornarono a mostrare le sue pupille perfettamente concentriche.

« Già. Fa piacere anche a me »

Arrossii.

Ero così in imbarazzo che mi pareva quasi di trovarmi di fronte ad uno sconosciuto. Mi sistemai la maglia, lisciando le pieghe che si formavano ogni volta che mi muovevo e dondolai da una parte all'altra, avanzando ed indietreggiando senza riuscire mai ad avvicinarmi definitivamente.

Come comportarmi? Era un totale casino che non riuscivo a venirne fuori. Mi sentivo a disagio dopo l'esperienza vissuta la settimana precedente e ogni comportamento, ogni frase mi sembrava inappropriata.

« Cos'hai? » chiese lui ad un certo punto, aggrottando le sopracciglia e mostrando uno sguardo intrigato.

« Nulla » esclamai, ma la mia voce, involontariamente, aumentò di alcuni decibel divenendo stridula come quella di una papera.

« Ne sei sicura? »

Deglutii.

I suoi occhi sembravano voler leggere la mia anima ed erano un'arma efficace contro cui non avevo difese.

« Si » risposi poco convinta, utilizzando nuovamente quel tono di voce stridulo.

Rise.

« Se lo dici tu! » abbassò il capo e prese a girarmi intorno, mascherando l'evidente smorfia di scherno e di divertimento sul suo viso. Lo seguii con lo sguardo e finii col sentire gli occhi roteare a 360 gradi.

« La smetti? » chiesi dopo qualche secondo sentendomi osservata come una preda prima dell'attacco.

« Di fare cosa? » fece finta di nulla, come se non avesse

capito a cosa mi riferissi.

« Di ronzarmi intorno in quel modo. Mi fai sentire a disagio » mormorai con voce bassa « Sembra che sono sotto esame »
Sorrise divertito e si fermò davanti a me, iniziando ad avvicinarsi e ad accorciare le distanze che c'erano tra noi.
Quando mi fu abbastanza vicino mi sfiorò una guancia con le nocche delle dita, senza smettere di fissare i miei occhi, e mi sistemò una ciocca di capelli dietro l'orecchio.

Fremetti a quel contatto e la gola si seccò totalmente, lasciandomi incapace di emettere anche un singolo suono.

« Scusa ancora per l'altra volta » sussurrò, riscaldando il mio viso col suo respiro. Schiusi le labbra per rispondere, per dirgli che non aveva nulla di cui scusarsi, ma lui scosse leggermente il capo e poggiò il suo dito indice sulla mia bocca, premendo delicatamente contro la mia pelle e rendendo di fuoco ogni centimetro che toccava « Non dovevo coinvolgerti in quel modo. Avrei dovuto prima farti scendere e poi partire al galoppo » continuò « Ma ho sentito che in fondo anche tu lo desideravi come me e non ho pensato a quello che sarebbe potuto succedere »

Quel tono dispiaciuto e mortificato lo rendeva ancora più affascinante. Sentirlo parlare in quel modo, tuttavia, sembrava alquanto strano.

« Non » faticai a mandar giù la saliva « non preoccuparti » mi staccai da lui con difficoltà, utilizzando tutta la forza di volontà che avevo; dovevo allontanarmi per non annegare nei suoi occhi « non fa nulla » mi voltai e andai a sedermi in quello che ormai era divenuto il nostro box, rendendomi conto solo allora che si trattava dello stesso box che occupava lui abitualmente.

Alzai le ginocchia portandole verso il petto e vi poggiai sopra i gomiti, iniziando ad osservare la luce fioca della solita lampada al lato opposto della scuderia.
Alcuni secondi dopo lo vidi avvicinarsi e sedermisi accanto, per

poi rimanere senza parlare a guardare nella stessa direzione in cui puntavano i miei occhi.
Come ci riusciva? Riusciva a farmi sentire a disagio in ogni momento, anche se se ne restava immobile senza far niente.

« Posso chiederti una cosa? » mormorai ad un certo punto per allentare la tensione, voltandomi di scatto verso di lui. I miei occhi si accesero di curiosità, ma allo stesso tempo il timore per la sua reazione mi fece tentennare nel porgli la domanda.

« Avanti, spara » mi incitò lui vedendomi incerta e colpendomi leggermente col gomito nei fianchi.
Aprii così la bocca trovando il coraggio di affrontare quell'argomento.

« Chi è James? » chiesi e la luce sul suo viso si spense di colpo, come se una candela accesa fosse stata appena colpita da un gelido vento improvviso « Era il tuo vecchio proprietario vero? » mi morsi un labbro rendendomi conto troppo tardi di aver pronunciato le parole sbagliate « Cioè, perdonami, volevo dire, il tuo vecchio padron..cavaliere » mi corressi subito. Nell'ascoltare il suo silenzio, però, mi sentii scoraggiata nel proseguire « Scusami » mormorai « Non volevo essere invadente » mi strinsi nelle spalle e mi sentii mortificata « Non devi rispondermi se non te la senti »

Lui scosse il capo.

« No, non importa, va bene così » sospirò e in quel respiro lasciò trasparire tutta l'angoscia che provava nel ripensare a lui.
In fondo non erano passati che alcuni mesi da quando era stato venduto e quella ferita doveva essere ancora aperta nel suo cuore.
Stupida! Stupida! Stupida! Ripetei a me stessa, ma ormai il danno era fatto. Non potevo più tornare indietro.

« Si » esclamò lui d'un tratto « James era, come dite voi, il *mio padrone* » mi morsi un labbro pentendomi amaramente di aver pronunciato quelle parole « Più precisamente era il figlio del fantino che mi allenava, il figlio del *mio proprietario* » fece un lieve sorriso sarcastico « anche se sulla carta ero di proprietà del padre, è lui che mi ha cresciuto. Era il mio migliore amico »

Mi si strinse il cuore nel percepire la sua amarezza. Doveva essere stato davvero difficile per lui affrontare quella separazione. Non riuscì neanche a guardarmi negli occhi mentre lo diceva; continuava a fissare davanti a lui, mentre un alone trasparente gli si formava negli occhi.

« Lui » proseguì malinconico « era l'unico a trattarmi come se fossi un suo pari. Da quando sono nato si sono sempre aspettati grandi cose da me » confessò « Non fraintendermi, adoravo partecipare alle gare. Correre. Saltare. Ma per tutti ero solo quello: una macchina da competizione. Per James invece ero un amico »

Prima ancora che me ne rendessi conto, gli poggiai una mano sulla spalla e mi trascinai col sedere sul fieno per sedermi più vicino a lui.

Sorrise.

« Per questo ho sofferto. E anche lui ha sofferto. » chinò il capo verso il basso ripercorrendo con la mente quei tristi ricordi « Ci hanno separati contro la nostra volontà ed ora dovrei anche accettare di diventare lo strumento di qualcun altro? » doveva essere stato davvero un duro colpo per lui, essere strappato via ingiustamente dalla persona a cui tieni, soltanto per interessi economici. Era logico che non volesse più affezionarsi a nessun altro « Se lo possono anche scordare! » fece un ringhio di disprezzo e la sua espressione divenne disgustata « Se non fosse stato per te, non mi avrebbero mai visto al di fuori di quel box! »

Gli poggiai delicatamente una mano sulla guancia e lo feci voltare verso di me in modo che potesse guardarmi dritto negli occhi.

« Ma Henry e la sua famiglia non sono così, e lo sai! » cercai di confortarlo « Loro si preoccupano davvero per voi. Anche se li conosco da poco posso dire che non vi considerano soltanto degli strumenti per gareggiare. » sospirai « Credimi, so quando qualcuno guarda con amore i propri animali »

Mi morsi un labbro. Possibile che non riuscissi a controllare le parole? Fortunatamente, però lui non disse nulla, al contrario, mi sorrise divertito e inserì le sue dita nei miei capelli, scompigliandomeli totalmente.

« È che mi manca sai » confessò poi dopo un po', tornando ad avere lo sguardo perso nel vuoto « Trascorrevamo molto tempo insieme. Eravamo davvero inseparabili! » si voltò poi verso di me e scrutò attento la mia espressione come per assistere ad una mia qualche reazione.

Sembrò volesse dire qualcosa, ma per un po' si limitò a fissarmi, pronto a sparare la notizia da un momento all'altro.

« È suo questo aspetto, sai » esclamò infine, lasciandomi letteralmente interdetta « In questo momento potrei utilizzare qualsiasi forma io voglia. Ma mostrarmi col suo corpo umano mi fa sentire più vicino a lui »

« Oh » non riuscii a dire altro. Quindi esisteva davvero qualcuno con quell'aspetto! Ed io che credevo che non potesse esistere qualcuno di così perfetto.

Rimasi con gli occhi spalancati per alcuni secondi, sorridendo in maniera forzata senza sapere cos'altro fare ed in che modo reagire a quella rivelazione. Cosa si aspettava mentre mi guardava con quello sguardo indagatore?

« Quindi quando ci separeranno inizierai a girovagare nei sogni con la mia faccia? » chiesi d'un tratto per cercare di sdrammatizzare e per non essere più al centro dell'attenzione.

Le sue labbra, a quel punto si contrassero verso l'alto e gli occhi si chiusero fino a diventare due fessure, lasciando che delle piccole rughe si formassero ai lati, mentre la sua risata mi riscaldava anima e corpo.

« Non succederà mai, stanne certa! » esclamò, ancora

ridendo.

« Oh » bisbigliai sentendomi quasi delusa « Quindi non ti piace la mia faccia? »

Rise ancora.

« No, ma che dici! La tua faccia non ha niente che non va! » mi prese il mento tra le mani e mi alzò il volto in modo che i miei occhi fossero alla stessa altezza dei suoi.

Provai a distogliere lo sguardo, ma non ci riuscii. Quelle due sfere nere erano una vera e propria calamita. Mi limitai così ad assumete un'espressione imbronciata.

« Non succederà mai, perché non permetterò a nessuno di separarci! » sussurrò con voce flebile, facendomi rabbrividire ad ogni parola.

Sentii il cuore salirmi in gola ed il respiro farsi d'un tratto, più affannoso. Era come se tutto intorno, la stanza avesse cominciato a girare e soltanto lui fosse il mio punto fermo. Smisi di respirare lasciai che fosse lui l'aria di cui avevo bisogno.

Quando il suo capo si chinò in avanti credetti di morire; osservai l'impercettibile movimento delle sue labbra e mi inebriai del suo intenso profumo fino quasi a svenire.

Chiusi gli occhi.

Poi, le sue labbra si poggiarono sulla mia fronte e la pelle bruciò a quel contatto. Arrossii e abbassai lo sguardo.

Non volevo fargli capire che stavo tremando da capo a piedi e che quelle emozioni indescrivibili me le aveva procurate lui.

Chinai, così, il capo di lato, poggiandomi con una guancia sulla sua spalla e lasciai che il suo braccio mi cingesse la vita stringendomi in un caldo gesto d'affetto.

« Cosa succederà se dovessero separare anche noi? » mormorai, mentre il solo pensiero del verificarsi di una cosa del genere mi procurò fremiti di tristezza.

« Non succederà » disse lui con una tale fermezza che quasi

ci credetti « Voglio credere che nessuno possa mai separarci » si sperava più di quanto avessi mai potuto immaginare. Voleva credere con tutto se stesso che non avrebbe dovuto vivere ancora una volta una brusca separazione, che rifiutava anche soltanto l'idea che una cosa del genere potesse accadere.

Inspirai profondamente e gli presi una mano, sfiorandogli il dorso con la punta delle dita. Forse era meglio non riaprire più quel discorso. Almeno per un po'.

« Riven? »

« Si? »

Sospirai.

« Grazie di tutto »

Sentii le sue labbra premere forte contro le mie tempie ed una sensazione di benessere inondarmi il cuore.

Non avrei mai potuto descrivere a parole ciò che provavo per lui. Mi aveva regalato la vita in un modo del tutto diverso dal classico significato del termine. Era come se prima di incontrarlo avessi vissuto con una benda sul cuore che mi impediva di percepire realmente ciò che mi circondava, mentre con lui ogni cosa diventava più chiara e definita e anche la mia vita cominciava ad avere un senso.

« Riven? » ripetei, dopo un po'.

Lui si voltò a guardarmi, ma io non ricambiai il suo sguardo.

« Cosa c'è? »

Mi strinsi a lui, spingendo con la spalle contro il suo petto.

« Ti voglio bene! »

Non ebbi bisogno di guardarlo per accorgermi che stava sorridendo.

La sua mano si poggiò piano sui miei capelli e con un movimenti lenti e ripetitivi cominciò ad accarezzarmi e a cullarmi dolcemente.

Chiusi gli occhi.

Ora capivo perché agli animali piaceva essere accarezzati. Era così rilassante!

« Ti voglio bene anch'io, ragazza » mormorò lui, sussurrandomi quelle parole all'orecchio, dopo avermi spostato una ciocca di capelli in modo che la mia pelle potesse risaltare perfettamente al di sotto della luce fioca che illuminava quel posto « Ti voglio bene anch'io »

Mi lasciai trasportare da quelle emozioni e restai in silenzio ad ascoltare i battiti del mio cuore e il suono dolce del suo respiro. Non mi ero mai sentita in quel modo neanche quando ero stata seriamente innamorata.

Per la prima volta credevo davvero di poter toccare il cielo con un dito e la mia felicità non dipendeva da nessuna sorta di amore romantico o di amore da fiaba. Quella volta la mia felicità l'avevo trovata in qualcosa di totalmente diverso. L'avevo trovata in un cavallo.

Quando riaprii gli occhi ero nel mio letto, rannicchiata sotto le coperte, con un'espressione ebete sul viso. Sorridevo per quello che per le persone comuni sarebbe stato soltanto un semplice sogno, mentre per me rappresentava qualcosa di molto più speciale.

Ormai, di capire se ero pazza, non mi interessava più. Se era così dolce la pazzia, allora sarei rimasta una pazza felice per sempre.

Mi strinsi maggiormente alle coperte, tirandole fino all'altezza delle labbra ed immaginai di essere ancora seduta sul morbido fieno di quel box e di essere ancora accanto a Riven. Immaginai di avere la testa poggiata sulla sua spalla e ripercorsi la sensazione che provavo quando le sue si intrecciavano con i miei capelli, rabbrividendo ad ogni contatto.

Peccato non avere il potere di controllare il tempo. Quella notte era trascorsa così velocemente che non mi ero neanche resa conto del canto del gallo.

Mi voltai, per guardare la sveglia che segnava ogni mattina la mia condanna e mi resi conto, con mia grande sorpresa, che i numeri che apparivano lampeggiando sul display, mi dicevano che avevo ancora qualche minuto di tempo a disposizione.

05:39. Poco meno di mezz'ora che avrei potuto utilizzare per cercare di riposare un altro po' prima di iniziare un'altra pesante giornata di studio, ma che impiegai per rilassare la mente e per ripensare a tutto ciò che era accaduto in quell'ultimo periodo, sorridendo ogni volta che i miei pensieri mi mostravano il suo viso e perdendo un battito ogni volta che nella mia mente compariva il suo nome.

Sospirai.

Era così bello sentirsi felici! *Vorrei soltanto che non debba finire mai.*

Alzai le coperte fin sopra la testa ed annegai in un buio più nero della notte, al solo scopo di sentirmi più vicina ai suoi occhi.

Sorrisi, prima di immaginare come sarebbe stato il nostro prossimo incontro, e fremetti ancora di più nel pensare a come sarebbe stato bello poter cavalcare con lui liberamente, senza più paura di cadere, per il resto della mia vita.

Perché in fondo volevo credere anch'io che nessuno ci avrebbe più separati. Il nostro legame, la nostra amicizia avrebbe continuato ad oltrepassare le barriere dello spazio e del tempo anche dopo quell'eclissi che non mi avrebbe permesso più di sentire la sua voce. Di questo ne ero sicura.

10
Henry

« Selène! Quante volte devo ripeterti di stare più diritta! » certe volte sembrava quasi mia madre! « Morbida con la schiena! E quei talloni tienili più bassi! Devi coordinarti con i suoi movimenti, non devi aspettare che accada il contrario! »

Certe volte Henry diventava davvero insopportabile!

Erano trascorsi alcuni mesi da quando avevo cominciato le mie lezioni con lui e durante quel periodo avevo scoperto in lui una persona totalmente diversa da quella che credevo. Almeno quando era in campo. Durante quell'ora diventava un altro. La serietà in persona.

Inizialmente avevo fatto fatica ad abituarmici, ma alla fine mi ero resa conto che se volevo imparare qualcosa era meglio dargli ascolto e fargli fare il suo lavoro.

« Forza! Non stiamo qui a lavorare l'uncinetto! Ora parti al galoppo e prova a farmi quell'ostacolo là in fondo »

Irritante. Era la parola migliore per descriverlo in quelle occasioni.

Senza obiettare partii al galoppo e lasciai che il mio corpo ascoltasse ogni movimento dei muscoli di Riven nel tentativo di coordinarmi coi suoi tempi, ma poco prima del salto finii per fare sempre i soliti errori, impedendo anche a Riven di dare il meglio di se.

Dopo che atterrammo di nuovo a terra mi voltai verso Henry e vidi la sua espressione irritata quando l'asta dell'ostacolo rotolò per terra dopo essere stata colpita da uno zoccolo.

« No, no, così non va' proprio! » urlò lui « Ma mi ascolti quando parlo? O per caso hai ancora la testa tra le nuvole? »

Diedi gamba a Riven per farlo avanzare e mi avvicinai ad Henry con un'espressione di dispiacere sul viso.

« Scusa. È che proprio oggi non sono al meglio delle mie forze » borbottai come scusa, pur sapendo che era soltanto colpa della mia coordinazione se non riuscivo a fare quegli esercizi.

« Oh certo! » esclamò lui. Ovviamente non se l'era bevuta « Forza, torna in pista e riprendi l'esercizio! »

Riven lanciò ad Henry un'occhiata torva e abbassò le orecchie quasi in segno di sfida.

Da quando si era lasciato avvicinare da lui la prima volta, non aveva tentato più né di morderlo, né di assestargli qualche calcio, ma continuava allo stesso tempo, a mantenere le distanze, impedendogli anche solo di sfiorarlo per più di qualche secondo.

« Sempre meglio che ricevere lo stesso trattamento che da ancora a tutti gli altri » aveva detto un giorno Henry, dopo che Riven era scattato in avanti in seguito ad un suo tentativo di montarlo.

« Muoviti! Che dopo ti aspetta un bel po' di lavoro! » Le sue grida non facevano altro che rendermi nervosa.

Diedi una piccola pacca sul collo di Riven e lui prese a correre senza neanche che ci fosse la necessità di dargli qualche comando.

« Vai, vai, vai. Bene così! »

Era incredibile di quanti progressi avessi fatto solo in pochi mesi.

Con una o talvolta due lezioni a settimana, non mi aspettavo di riuscire ad arrivare a quel livello in così poco tempo.

« No, no! Aspetta. Non così! »

Tirai leggermente le redini per invitare Riven a fermarsi e dopo un po', fummo raggiunti dal mio istruttore privato che nel frattempo aveva cominciato a correre nella nostra direzione a grandi passi.

« Le gambe devi metterle in questa posizione! » mi prese un ginocchio con entrambe le mani e lo posizionò nel modo corretto. Poi passò davanti a Riven e ripeté lo stesso movimento anche con l'altra gamba « Riuscirai a ricordarlo stavolta? »

Annuii.

Ce la potevo fare. Dovevo solo impegnarmi di più. In fondo, non era poi così difficile.

« Ma non dare ascolto a questo moscerino! » l'esclamazione spontanea con cui pronunciò quella frase mi fece sorridere divertita. Trattenni una risata per non dare nell'occhio.

« Si, ho capito » risposi ad Henry, provando a riconcentrarmi nuovamente sui suoi consigli.

« Oh, certo! Diamo ascolto al pivello! Di certo ne sa più di un cavallo in quanto a questioni di galoppi, giusto? »

Diedi una piccola pacca sul collo di Riven e mi chinai leggermente in avanti per avvicinarmi alle sue orecchie.

« La smetti? Così non fai altro che distrarmi! » lo rimproverai, ma quelle parole non furono ben accette da parte sua.

Sbuffò in maniera altezzosa, impuntandosi come un bambino senza proseguire oltre e fingendosi offeso.

« Cosa c'è ora? » mi gridò Henry spazientito, dall'altra parte del campo. Alzai una mano per tranquillizzarlo.

« Niente » dissi « Ora vado! » mi rivolsi poi al mio destriero « E tu vuoi smetterla di fare tanto il permaloso? »

Lui scrollò il capo, facendomi cadere più volte le redini dalle mani ed io feci roteare gli occhi al cielo, per poi portarmi una mano alla fronte. Ora si metteva a fare anche il bambino?

« Non è colpa mia se lavori con degli incompetenti! »
Incrociai le braccia al petto e lo guardai infastidita. Non poteva pretendere sul serio che seguissi le sue istruzioni piuttosto che quelle di un insegnante di equitazione. Pur volendo, avrei avuto non pochi problemi nel spiegare le ragioni di quel mio comportamento.

« Non posso fare come mi dici! » mormorai « Già ho problemi a fare come mi dicono loro! » vidi il capo di Riven voltarsi leggermente verso di me e i suoi occhi fissarmi con fare ancora più altezzoso di prima.

Chiusi gli occhi e alzai il capo verso l'alto respirando a pieni polmoni quell'aria fresca e pulita.

« Ascolta » iniziai dopo un po' « Non credo che tu abbia mai cavalcato qualche altro rappresentante della tua specie » borbottai « quindi posso darti ragione su tutto, ma su questo lascia che sia Henry a guidarmi. Sono sicura che sa bene quali sono le sensazioni che si provano ad essere un cavaliere ed di certo conosce il modo migliore per farmi migliorare » la sua espressione parve infastidita davanti a quella evidenza « Sulle altre cose chiederò sempre il tuo parere, ma durante queste lezioni, per favore, non rendermi ancora più confusa di quanto non lo sia già »

Al termine del mio discorso, Riven borbottò qualcosa di incomprensibile, dopodiché diede un paio di colpi con gli zoccoli sul terreno e ripartì d'improvviso al galoppo.
Quel movimento inaspettato, nei primi istanti, mi fece perdere l'equilibrio, facendomi sbilanciare all'indietro, ma fortunatamente riuscii a mantenermi salda alle redini e a tornare nella posizione corretta.

« Non devi essere geloso! » esclamai d'un tratto, dopo l'ennesima volta che lui aveva calciato dei grossi pezzi di terra, dopo essere passato accanto ad Henry, finendo per sporcarlo da capo a piedi.

« Tsz » mugugno « Geloso io? » sorrisi « Non sai neanche cosa significhi essere gelosi, ragazza! »

Alzai il capo verso l'alto ed osservai il cielo che si stava riempendo di nuvole. Anche quella volta ero riuscita a scansarmela. Per la prima volta nella mia vita le cose sembravano andare quasi nel verso giusto e non avrei mai potuto essere più felice di così.

Continuai a camminare al fianco di Riven, senza neanche avere la necessità di tenerlo per le redini, fino all'ingresso del suo box, dove attese pazientemente che gli togliessi di dosso tutta quella specie di armatura che gli stringeva fastidiosamente la pancia.

« E così » Riven iniziò a parlare, dandomi una spinta col muso, proprio quando ero voltata di spalle per finire di sganciargli le cinte della sella « Tu e il pivello, eh? » il suo tono molto allusivo mi fece voltare di scatto.

« Cosa? »

Sbattei ripetutamente le palpebre, non volendo credere all'allusione a cui aveva appena accennato.

« Ti piace, non è così? »

Se fosse stato nella sua forma umana, di certo avrebbe inarcato le sopracciglia con fare ammiccante, e avrebbe fatto una di quelle facce da cartone animano che mi facevano soltanto morir dal ridere.

« Ma sei matto? » sbottai, dandogli un piccolo colpo sulla schiena « Come ti salta in mente una cosa del genere? » lui mi fissò senza dire niente, ma il suo sguardo valse più di mille parole « Henry è solo un amico! » terminai di togliergli la sella e lo liberai finalmente da quella stretta fastidiosa, dopodiché riposai i vari oggetti al loro posto e gli aprii la porta del box per farlo entrare.

« Si, certo, come no! »

Sorrisi, scuotendo il capo. Erano mesi che non pensavo ad Henry da quel punto di vista, o meglio, non ci avevo mai pensato da quando avevamo ad incontrarci nei sogni. Lui ed io eravamo solamente dei buoni amici, nulla di più.

« Ehi Selène! » la voce di Henry giunse di soppiatto in maniera inaspettata.

Sobbalzai, lasciando cadere l'imboccatura che avevo tra le mani, per poi chinarmi frettolosamente a raccoglierla.

« Henry! Stavo giusto parlando di te! » mi lasciai sfuggire, pentendomi subito di quelle parole.

I suoi occhi grigi, presero allora a fissarmi incuriositi e la mia agitazione salì in breve alle stelle.

« Sul serio? Spero non stavi dicendo nulla di male! »

Sorrise, prendendomi in giro per quel mio comportamento e mi lanciò occhiate divertite per rendermi ancora più in imbarazzo.

« No » chinai lo sguardo ed iniziai a fissare gli zoccoli di Riven « Stavo solo dicendo che oggi ci hai fatto davvero stancare » esclamai, dicendo la prima cosa che mi passò nella mente.

Lui sorrise e si avvicinò a me con fare ancora più divertito.

« Oh, e dalla prossima volta vi farò stancare ancora di più! »

Deglutii.

Quella frase suonò quasi come una minaccia, tanto che un brivido scese lento lungo la schiena.

Senza prestargli molta attenzione, mi voltai di lato e mi recai a prendere il forcone poggiato all'asse di legno poco distante da noi e mi rimboccai le maniche per quella che sarebbe stata una nuova giornata di lavoro.

« Cos'è? Hai deciso di ridurci allo stremo? »

Feci un sorriso e mi diressi dall'altra parte delle scuderie per cominciare ad alzare quelle balle di fieno per inserirle all'interno delle singole stalle.

« Mi fai così crudele? »

Lo sentii seguirmi in ogni mio movimento e senza rendermene conto, me lo ritrovai accanto, con le mani poggiate sulla mazza del mio tridente.

« Dai qua, ti aiuto io » mi prese il forcone da mano ed io glielo lasciai fare senza batter ciglio.

Nonostante quei fili dorati sembrassero soffici e leggeri come piume, in realtà potevano diventare anche più pensanti di un macigno se presi in gran quantità, soprattutto per una persona debole come me.

« E allora a cosa devo tutta questa tua gentilezza improvvisa? » voltai lo sguardo verso di lui e gli sorrisi in maniera beffarda, per poi stuzzicarlo maggiormente.

Lui dischiuse le labbra in una smorfia di stupore e cominciò a lanciarmi occhiate minacciose, facendomi sorridere divertita.

« Cosa vorresti insinuare? Che *io* non sono un tipo gentile? »

« Beh » alzai gli occhi al cielo e picchiettai alcune volte con l'indice sopra le labbra « In realtà non ho mai detto una cosa del genere, ma se mi ci fai pensare... » era divertente prenderlo in giro, specialmente quando mi guardava con quell'espressione da cane bastonato non aspettandosi di essere preso in giro in quel modo.

« Ah, davvero? » di colpo lasciò andare il forcone che aveva in mano, gettandolo a terra e facendolo finire tra i grossi cumuli di fieno che attendevano ancora di essere trasportati nelle stalle, dopodiché mi si gettò addosso e prese ad inseguirmi per tutta la scuderia « Ti faccio vedere io chi non è gentile! » lanciai dei piccoli gridi, seguiti poi da altrettante risate e mi dilettai nella fuga per qualche minuto.

Quando alla fine riuscì a prendermi, mi cinse i fianchi con un braccio, facendo premere la mia schiena contro il mio petto, e con una mano chiusa a pugno, sfregò forte contro il centro della mia testa, rendendomi alla fine, molto più simile a quelle balle di fieno che ad un essere umano.

« Eddai, smettila! » gridai dopo un po', mentre le risate mi facevano ancora contorcere lo stomaco « Basta, basta! »

Sentii la risata di Riven provenire da lontano ed un'esclamazione di dissenso percorrere poi, il tratto che ci separava per giungere dritta alle mie orecchie.

« Solo amici, eh? »

Lo ignorai, limitandomi soltanto a lanciargli un'occhiataccia. Non aveva senso pensare ad una cosa del genere. In quel momento sapeva benissimo che il mio cuore apparteneva solamente alle lunghe cavalcate che ci aspettavano, ai salti che mi facevano toccare il cielo con un dito e...a lui.

« In questo modo, la prossima volta starai attenta a quel che dici! » mi guardò dall'alto, con aria presuntuosa ed io tornai a ridergli in faccia per quel suo buffo modo di fare.

Le sue braccia, allora, si mossero istantaneamente per stringermi in una nuova morsa, ma riuscii ad alzare le mani giusto in tempo prima che mi afferrasse.

« Ok, ok, ho capito. Sei la persona più gentile del mondo » sbattei le palpebre con fare ammiccante, per prenderlo in giro « Così va bene? »

Mi guardò torvo, per poi scoppiare a ridere nel vedere la mia espressione da cartone animato.

« Bada a te fanciulla » disse « O assaggerai la mia ira! » tornò a riprendere da terra il mio forcone e lo voltò all'insù in modo che le punte dessero verso l'alto. Assunse poi un'aria possente, fingendosi un duro e non si rese conto che alcuni fili di fieno gli erano caduti proprio davanti alla fronte.

Portai istintivamente una mano alle labbra e trattenni un sorriso.

« Si signore! » esclamai poi, forzandomi a mantenere il

controllo delle labbra.

« A parte tutto » mormorò poi tornando serio e aiutandomi a trasportare le balle all'interno dei vari box « Prima volevo dirti una cosa »

I miei muscoli finalmente si distesero e la mia curiosità fece si che lo degnassi della mia attenzione.

« Di che si tratta? »

Riven, da lontano, continuò ad origliare la nostra conversazione mostrandosi sempre più interessato e mandandomi, di tanto in tanto, alcuni sguardi allusivi e maliziosi.

Gli feci una linguaccia alle spalle di Henry, dopodiché tornai a concentrarmi su di lui.

« In realtà, volevo informarti che ho iscritto te e Riven alla prossima gara nella seconda settimana di Giugno »

Sussultai.

Aveva appena detto che avremmo dovuto partecipare ad una gara?

« Che cosa hai fatto? »

Ero totalmente sconvolta. Come aveva potuto fare una cosa del genere senza neanche interpellarmi? Non ero assolutamente pronta ad affrontare una gara. Non ero in grado di confrontarmi con altre persone. Praticavo quello sport da quanto? Quattro mesi? E ancora non riuscivo neanche a fare dei salti decenti!

« Sta' calma » esclamò lui, poggiandomi una mano sulla spalla per tranquillizzarmi « Abbiamo tutto il tempo che ci serve! »

Sentii Riven sussultare dall'altra parte della scuderia e nitrire entusiasta per quell'informazione, ma non riuscii a trovare minimamente la stessa carica e la stessa eccitazione dentro di me.

« No, Henry! Non posso farlo! Non sono pronta! Io.. »

« Ehi, ehi, cerca di stare calma! » Herny, a quel punto, mi poggiò entrambe le mani sulle spalle e fece in modo che lo guardassi dritto negli occhi.

Respirai profondamente e ne trassi subito un rapido sollievo.

« Selène » mormorò lui « Non devi preoccuparti di nulla. Ho visto i progressi che hai fatto in questi mesi e sono certo che puoi tranquillamente farcela! » annuii, cercando di convincermi che quelle parole fossero vere « E poi abbiamo altri tre mesi di tempo! Se ti va', possiamo anche aumentare gli allenamenti. Ce la faremo sicuramente, d'accordo? »

Scossi il capo in segno d'assenso. Soltanto altri tre mesi.
Erano abbastanza per prepararsi ad una gara, giusto? La seconda settimana di giugno era ancora lontana, vero? D'un tratto poi ebbi un sussulto.

« Perfetto » esclamò Henry, iniziando ad allontanarsi, senza rendersi minimamente conto della mia reazione, mentre io me ne restai immobile a fissare il vuoto.

Giugno. L'eclissi. La gara sarebbe avvenuta dopo l'eclissi.
Tutta quella felicità mi aveva fatto dimenticare completamente di quel piccolo ma importantissimo dettaglio. Mi erano rimasti soltanto tre mesi da trascorrere insieme a Riven con l'opportunità di sentire la sua voce e di incontrarlo nei miei sogni. Trasalii ed un moto di tristezza mi invase da capo a piedi.
Da quel momento in poi non avrei sprecato più neanche un attimo.

« Oh Selène » quando Henry mi chiamò, finsi un sorriso per non mostrare il mio stato d'animo « Un'ultima cosa » rimasi in silenzio in attesa che proseguisse « Ti va di andare a prendere un caffè insieme uno di questi giorni? » sentii il cuore cadermi di colpo sino alle caviglie, mentre la risata piena di scherno di Riven mi riempì i timpani « Così parliamo meglio di questa gara »

Me ne rimasi paralizzata al centro del lungo corridoio delle scuderie, fissandolo attonita, con gli occhi completamente spalancati dallo stupore.

« A me non piace il caffè » mi affrettai a dire dopo un po'.
Il modo in cui pronunciai quelle parole, tuttavia, diede

l'impressione di un rifiuto categorico e alquanto scortese, tanto che il suo sguardo si rabbuiò di colpo, facendomi sentire subito la peggiore delle amiche.

« Oh » dal suo volto capii che non si sarebbe aspettato una risposta così secca e fredda da parte mia « Beh. Non fa nulla »

Fece per voltarsi, ma i sensi di colpa mi attanagliarono lo stomaco senza darmi pace.

« Magari qualche altra cosa » esclamai senza rendermi conto di ciò che stessi facendo « Così parliamo della gara » ripetei più a me stessa che a lui.

« Grandioso! » esultò lui, mostrandomi di nuovo il suo sorriso « Allora ci si vede »

11
Lontano dagli occhi...

Poggiai la tazza fumante che avevo in mano sul tavolino e arricciai il naso facendo un'espressione di disgusto.
Quell'odore amaro era estremamente fastidioso e non riuscivo a sopportare di berne neanche un po', nonostante tutti i cucchiaini di zucchero che Henry mi aveva messo all'interno per convincermi a provarlo.

« Sicura che non vuoi nemmeno provare? »

Scossi il capo.
Il caffè era una delle poche cose che proprio non sopportavo. Avevano provato a farmelo piacere in ogni modo possibile, mettendolo nei gelati, nelle torte, ma non avevano ottenuto alcun risultato. Era più forte di me.

« No, non ce la faccio » allontanai da me la tazzina bianca dal manico dorato e la porsi ad Henry che, nel frattempo, continuava a fissarmi divertito.

« Prendi ameno qualche altra cosa! » mi incitò lui, quasi sentendosi in colpa per avermi trascinato in quel posto anche dopo il mio totale dissenso.

Il bar in cui ci trovavamo era uno dei più rinomati del paese per l'ottimo caffè che offriva ai propri clienti, ma allo stesso tempo anche il più costoso. Aveva un arredamento in stile antico con gli infissi dorati e delle sculture di alcuni angeli marmo con in mano un vaso di fiori, sopra il bancone principale.

« Non preoccuparti. L'acqua mi va più che bene »

Presi tra le mani il bicchiere di vetro dalla forma allungata e bevvi un sorso di quell'acqua fin troppo naturale. Quando poggiai le labbra sul suo bordo, mi resi conto che era ricoperto di zucchero ed un sapore dolciastro attivò le mie papille gustative.

« Sicura che non vuoi nemmeno qualcosa da mangiare? Una coppa di gelato magari? So' che qui sono buonissime! »

E carissime! Pensai, ma non lo misi al corrente delle mie idee. Non volevo fargli spendere tutto ciò che guadagnava in due o tre ore di lezione per comprare uno stupido gelato, soltanto perché questo aveva l'aria invitante....davvero invitante!

Scossi il capo bruscamente, ricordandomi di trovarmi lì solo per fare alcune chiacchiere tra amici e non per lasciarmi andare alle mie debolezze di gola.

« Sul serio, va bene così! »

Presi a giocherellare con la fettina di limone presente sul mio bicchiere e cercai invano di capire come fosse possibile che un po' d'acqua potesse costare all'incirca cinque euro. Capivo la questione del servizio, del lusso e del posto accanto al mare, ma addirittura cinque euro per dell'acqua che potevano prendere tranquillamente dal rubinetto!

Cose da pazzi!

Inarcai leggermente l'angolo destro delle labbra e continuai a fissare quel bicchiere con tanto interesse da sembrare quasi che stessi cercando di spostarlo col pensiero.

« Allora? Sei più tranquilla per la gara? » chiese Henry d'improvviso facendomi sobbalzare.

Alzai subito il capo dalla mia posizione e lo guardai per qualche attimo restandomene in silenzio e andando a collegare le sue parole con le immagini presenti nella mia mente.

Feci una smorfia di dissenso.

« È trascorsa soltanto una settimana. » mormorai « Dammi il tempo di assimilare meglio la notizia »

Lui sorrise, dopodiché allungò una mano per poggiarla al di sopra della mia.

« Devi stare tranquilla! » sussurrò con voce bassa « So che puoi farcela! » mi sorrise ed io ritrassi delicatamente la mano facendolo sembrare un gesto naturale ed involontario.

« Vorrei soltanto avere più tempo! » mormorai passandomi le dita tra i capelli e sbuffando ripetutamente « Sembra che le lezioni non bastino mai! »

Quella settimana avevamo deciso di aumentare il numero dei nostri allenamenti fino ad incontrarci anche tre volte a settimana ed ormai trascorrevo la maggior parte del mio tempo in mezzo al verde di quel centro ippico o tra i colori caldi delle scuderie.
Utilizzavo ogni minuto disponibile che riuscivo a recuperare per stare insieme a Riven, finendo addirittura per fare dei turni di lavoro in più soltanto con l'unico obiettivo di stare con lui e ciò, aveva finito per distogliermi quasi del tutto dallo studio e da quelli che erano i miei obiettivi.

« Se vuoi possiamo... »

Scossi il capo e gli sventolai il dito indice davanti agli occhi, prima che potesse dire anche solo un'altra parola.

« Non dire che possiamo aumentare gli allenamenti che altrimenti finisco per accettare! » esclamai decisa.

A quelle mie parole lui mi fissò per un attimo confuso, per poi iniziare a ridere divertito.

« E che problema c'è? »

Spalancai gli occhi e chinai leggermente il capo verso il basso per guardarlo con un'espressione stranita.

« Ma scherzi? » domandai, quasi come se la risposta a quella domanda dovesse essere più che ovvia « Trascorrerei le giornate intere a cavallo, ma sono già abbastanza indietro con gli esami questo semestre e non vorrei peggiorare la situazione »

« Dai, non sarà mica la fine del mondo! Ti aiuterò io con lo studio! » assunse un'aria da sbruffone « Me la cavo sai! »

Mi venne da ridere. Scossi, poi, il capo ribadendo il mio rifiuto con fermezza.

« Neanche se me lo chiedessi in ginocchio! »

Sorrise compiaciuto e mi guardò con l'espressione di chi non ha in mente nulla di buono.

Tenne per un po' le braccia incrociate sul tavolo, dopodiché le tese in avanti verso di me per prendere la mia mano tra le sue.

Lo guardai accigliata.

Mi accarezzò, a quel punto, il palmo della mano con la punta delle sue dita e mi scrutò in volto con aria beffarda.

« Selène McKenzie » cominciò « Vuoi tu trascorrere qualche ora in più insieme a me per quelle che saranno le migliori lezioni di equitazione della tua vita? »

Vuoto. Fu quella l'unica cosa che provai nel sentirlo pronunciare quella stupida frase.

I miei occhi se ne restarono spalancati senza batter ciglia e le mie labbra semi aperte a forma di "oh" non riuscirono a chiudersi di loro spontanea volontà. Non sapevo se ridere o piangere per quella sua idiozia.

« Ma smettila! » esclamai poi, dopo un po', cominciando a ridere e lanciandogli in aria le mani, quasi come se fossero stati dei piccoli stracci « È la cosa più assurda che abbia mai sentito in vita mia! » per un po' non riuscii a smettere di prenderlo in giro.

Lui rise, facendomi divertire ancora di più ogni qualvolta la sua faccia assumeva la buffa espressione che aveva usato qualche minuto prima per farmi quell'assurda proposta.

« Non ti facevo così stupido, sai! » Il suo voltò mostrò un ghigno offeso « Ti credevo più un bravo ragazzo che non si abbassa a queste sciocchezze! » risi ancora « Quanto altro ancora non so di te? »

Pronunciai quella frase senza rendermi conto del reale effetto che sortì in lui, ma dopo un po' dovetti rendermi conto che le allusioni di Riven non erano poi così infondate.

« C'è ancora tanto che non sai di me » disse lui ritornando serio e assumendo un tono più suadente « E mi piacerebbe che tu potessi conoscermi meglio »

Poggiò nuovamente la sua mano sulla mia e a quel gesto non riuscii a mascherare il mio stupore. *Ti prego, fa che voglia conoscermi solo come amica!* Sperai in cuor mio, ma sapevo già che la risposta era diversa da quella che speravo.

Feci un mezzo sorriso forzato e voltai il capo da un lato, fingendomi interessata ad uno dei mosaici colorati presenti su una delle vetrine accanto all'uscita.

« Ti va di fare due passi? » chiesi d'un tratto, cambiando totalmente discorso « Ho voglia di prendere una boccata d'aria fresca! »

Sentivo che l'aria stava cominciando seriamente a riscaldarsi intorno a noi e non era di certo per i condizionatori che tappezzavano il locale.

« Ma non hai neanche finito di bere la tua acqua! »

Guardai il bicchiere.

Dalla parte superiore mancavano soltanto un paio di centimetri e la fettina di limone si era ormai riversata completamente all'interno di quel liquido trasparente.

Quando alzai lo sguardo verso di lui i suoi occhi grigi mi stavano fissando con attenzione, nel tentativo di capire il motivo di quel mio improvviso stato d'allerta. *Come se poi non fosse ovvio!*

« È che mi si sono intorpidite le gambe nello stare seduta » mentii. In realtà volevo soltanto uscire per strada e tornarmene dritta a casa senza essere costretta a vivere altri momenti imbarazzanti « Lavorando nelle scuderie sono diventata molto più attiva del solito ed ora non riesco a stare ferma nello stesso posto per troppo tempo senza che le mie ginocchia ne risentano »

Mi passai una mano sulla nuca e abbassai la testa per non farmi sorprendere a mentire spudoratamente.

Lui fece una smorfia contrariata.

« E d'accordo. » esclamò infine « Lascia che vada a pagare e poi andiamo »

Si alzò dalla sedia e si diresse verso la cassa per avere il conto, mentre io me ne restai ad attenderlo seduta a tavolino.
Per tutto il tempo non feci altro che fissarlo. Per quanto mi sforzassi di pensare a lui come a qualcuno di diverso da un semplice amico non riuscivo proprio a vederlo sotto una luce diversa.

Eppure Henry era tutto quanto mi fosse sempre piaciuto.
Un bel ragazzo, dal fisico atletico e dallo sguardo ammaliante. Era dolce e gentile come nessun altro e i suoi modi di fare erano quelli di un perfetto gentiluomo.
Sapeva essere divertente e allo stesso tempo era un ottimo *erogatore di consigli* come piaceva lui stesso definirsi, e cosa ancora più importante, sembrava essere davvero interessato a me. Eppure non riuscivo a capire cosa gli mancasse per renderlo "speciale" ai miei occhi. O forse sapevo fin troppo bene di cosa si trattava. Semplicemente...non era lui.

Non appena lo vidi tornare con in viso un'espressione sgargiante, gli feci un caloroso sorriso e mi alzai dalla sedia, raccogliendo tutte le cose che avevo poggiato sul tavolino e dirigendomi a grandi passi verso di lui per raggiungerlo.

Una volta fuori, poi, cominciammo a passeggiare lungo la

strada che dava sul litorale, fermandoci di tanto in tanto ad osservare le coppiette che si nascondevano dagli sguardi dei passanti, rifugiandosi sotto dei porticati vecchi ed isolati.
Ci divertimmo per un po', a prendergli in giro, e ridemmo senza sosta per tutto il percorso, finendo addirittura per piegarci in due dalle risate.

Avevo realmente le lacrime agli occhi. Henry sapeva benissimo come farmi ridere e approfittava di ogni occasione per colpirmi nei miei punti deboli.
Riuscì in quel modo a farmi dimenticare della tensione che mi aveva procurato solo qualche ora prima.

« Visto che non è poi così male stare con me? »

La sua voce mi fece sussultare.
Ero affacciata, da qualche minuto, alla ringhiera che dava sul mare e osservavo l'infrangersi delle onde su quelle rocce grige consumate dal tempo.

« Oh, non ho mai detto il contrario! »

Gli sorrisi e lascia che il mio sguardo incontrasse il suo per alcuni secondi.

« Selène » la sua mano si poggiò poi, d'un tratto, sul mio braccio e i miei muscoli si paralizzarono all'istante.
Da un momento all'altro la sua voce si era fatta più profonda e quel tono non mi piacque affatto. Non prometteva nulla di buono. Almeno per me.

« Si? » tornai a fissare il mare.

« Stavo pensando » *Oh, oh! Non è un buon segno quando un ragazzo comincia a pensare!* « Che ne dici se qualche volta.. » *Oh cavoli!* « Si, insomma..ti va di rifarlo? »

Feci un respiro profondo.
In quel momento, avrei voluto dare ascolto agli avvertimenti di Riven quando mi diceva che Henry non voleva da me soltanto una semplice amicizia, ma ormai era troppo tardi.

E ora? Cosa faccio? Non mi era mai capitato che qualcuno si fosse realmente interessato a me e dunque, non sapevo minimamente cosa fare in una situazione del genere.

Appena fui certa che i miei polmoni avessero immagazzinato abbastanza ossigeno da potermi dare la forza di affrontarlo, mi voltai verso di lui, sorridendogli caldamente.

« Beh, si è stato piacevole » esclamai, cercando di non farmi tradire dalle mie stesse emozioni « Quando ti ho conosciuto non pensavo che sarebbe nata questa amicizia tra di noi! »

Il barlume di speranza che avevo visto nascere sul suo volto si spense rapidamente. Non volevo fargli del male, ma non volevo neanche illuderlo.

« Amicizia? » chiese lui deluso e non ci fu bisogno che continuasse la frase per capire quale sarebbe stata la sua prossima domanda.

Sospirai.

« Credo che tu sia un ottimo amico, Henry » esclamai, analizzando ogni singola parola per evitare di ferirlo « E credo che le cose debbano rimanere in questo modo »

Abbassai lo sguardo, mentre lui prese a strofinare freneticamente una mano sul collo.

« In realtà » confessai « in questo periodo sono concentrata su di un altro »

Lo sentii sussultare e quell'espressione di gioia che caratterizzava il suo volto e che più amavo in lui, svanì del tutto, dando spazio all'amarezza per essere stato appena rifiutato.

« Si, si, capisco. Non preoccuparti. Non c'è bisogno che tu dica altro »

Scossi il capo e mi avvicinai a lui, fermandolo per le braccia.

« Non fraintendermi » continuai « È che non me la sento proprio di pensare a qualcun altro che non sia Riven » i suoi occhi presero a quel punto a fissarmi increduli, quasi disorientati, per poi riacquistare quella speranza che avevo distrutto qualche attimo prima « Voglio vivermi questa esperienza con lui senza distrazioni » con quelle parole ebbi l'impressione di mentirgli, ma in fondo, quella era la pura e semplice verità « Il mio cuore, al momento, batte solo per lui »

Un brivido mi percorse tutta la schiena.

Era la prima volta che lo ammettevo ad alta voce. Riven era la ragione per cui non riuscivo a lasciarmi andare con Henry, così come con chiunque altro. Aveva occupato un posto talmente importante nella mia vita che nessuno sarebbe mai stato in grado di rimpiazzare.

« Ma tu guarda! Battuto da un cavallo! » esclamò lui, avvicinandosi a me e sfiorandomi la guancia con il dorso della mano.

Sorrisi, comprendendo quanto potesse sembrare assurda quella situazione.

« Che scherzo del destino, vero? »

Ridemmo insieme, poi lui prese una mia mano e la strinse forte tra le sue dita, alzandola all'altezza del petto.

« Facciamo così allora » mi guardo divertito « dato che non accetto di essere secondo ad un cavallo » ogni volta, non riusciva a dirlo senza ridere « lascerò che le cose vadano così per un po' » aggrottai le sopracciglia fissandolo incuriosita « ma appena termineranno le gare, devi promettermi che mi darai almeno una possibilità! » rimasi di stucco per quella sua richiesta, non sapendo come reagire « Dopotutto, il tuo non era un vero e proprio rifiuto, giusto? » deglutii senza riuscire a rispondere. No, il mio non era un rifiuto definitivo. O almeno non ne ero completamente certa. Tuttavia ciò di cui ero sicura era il fatto che non sarei riuscita a pensare a nessun altro se avevo il volto di Riven nella mia testa « Quindi siamo d'accordo! » esclamò infine, come se avessi acconsentito alla sua richiesta.

Per un po', me ne rimasi in silenzio, del tutto imbarazzata, poi annuii senza sapere cosa altro fare.
Forse alla fine, era meglio così. Lasciare che il destino facesse il suo corso per qualche tempo era la soluzione più adatta.

« Però devi promettermi un'ultima cosa »

Alzai gli occhi di scatto nell'udire nuovamente la sua voce rivolgersi a me in quel modo così affabile e caloroso. Inarcai un sopracciglio e distorsi le labbra.

« Semmai in questo periodo dovessi incontrare qualcuno di interessante » si bloccò per un attimo poi sorrise divertito « che non sia un cavallo » risi a mia volta « dovrai promettermi che mi darai la precedenza »

Che idee assurde si faceva venire in mente?
Scossi il capo continuando a sorridere e le mie labbra rimasero tese verso l'alto fino a quasi farmi male.

« Ok, ok » esclamai infine « Te lo prometto! »

Mi liberai dalla stretta della sua mano e gli diedi una piccola pacca sulla spalla, spingendolo all'indietro, per poi passargli davanti e riprendere il cammino.
Anche se cercai di convincermi che prima o poi le cose sarebbero anche potute cambiare e che in fondo, potevo un giorno scoprire di non essergli così indifferente come supponevo, continuai a visualizzare il volto di Riven davanti ai miei occhi, prima nella sua forma animale, poi in forma umana.
Ormai non avevo altri che lui nella mia mente, e nel mio cuore. Non avrei mai desiderato nient'altro. Dovevo soltanto imparare ad accettarlo.

« Forza, ora muoviti! » lo rimproverai vedendolo ancora immobile ad osservarmi mentre mi allontanavo « Non siamo mica venuti qui per lavorare all'uncinetto! »

12
Confession

Aprii gli occhi ed il soffitto scuro della scuderia riempì la mia visuale. Ogni volta era sempre uno shock. Erano trascorsi mesi, ormai, e dovevo ancora abituarmi all'idea di addormentarmi nel mio letto e di svegliarmi poi su quella soffice distesa dorata.
Portai le mani all'altezza del viso e mi strofinai gli occhi per acquistare rapidamente lucidità.

« Ben svegliata! »

Sorrisi.
Pur non vedendo il suo volto, il mio cuore prese già ad inviarmi una serie di impulsi simili a scariche elettriche.

Mi voltai di lato e percepii la sua presenza proprio accanto a me. Lo vidi, poi, disteso sul fieno, con le braccia incrociate dietro la testa e lo sguardo fisso nel vuoto.
Un piccolo filo di fieno era serrato tra le sue labbra e si muoveva ritmicamente dall'alto verso il basso e viceversa.
Alcune ciocche di capelli, invece, gli ricadevano davanti agli occhi, creando un forte contrasto col colore della sua pelle e con quello delle sue pupille.

Involontariamente smisi di respirare e dei lievi capogiri mi

ricordarono di aver trattenuto l'aria più a lungo del normale.
Mi sedetti per un po' ad osservarlo in silenzio, poi mi distesi lentamente accanto a lui, incastrando una spalla accanto al suo busto e poggiando la mia testa accanto alla sua, in modo che le mie labbra fossero esattamente all'altezza del suo collo.

Chiusi gli occhi ed inspirai quell'odore di dolce che riusciva ad emanare anche quando era nella sua forma naturale.
Poggiai una mano sul suo petto e sentii il cuore pulsare ad un ritmo lento e preciso.

« Ti aspettavo oggi » disse lui con voce calma, mentre le parole gli facevano vibrare la gabbia toracica « Non sei venuta a lezione »

Inarcai un sopracciglio e alzai leggermente lo sguardo verso di lui.

« Avevo un esame » mormorai « L'avevi dimenticato? »

« Oh, giusto! » esclamò stringendo le palpebre e contorcendo le labbra come di chi si è appena ricordato di qualcosa di importante « Che stupido! Ed io che credevo che ti fosse accaduto qualcosa! »

Arrossii.
Tesi un braccio dall'altra parte del suo corpo e lo feci scivolare delicatamente sul suo petto stringendolo in un lieve abbraccio.
Sentii il suo corpo ricambiare affettuosamente il mio gesto e le sue mani premere forte contro la mia pelle.
Ad un certo punto, poi, il suo sguardo si poggiò su di me e le sue labbra s'incrinarono in un tenero sorriso.

« Ormai non posso più vivere se non ci sei tu »

Quelle parole, sussurrate all'orecchio in una notte di primavera illuminata solo da una luce simile a quella delle candele e detta dalla persona migliore che avessi mai conosciuto, furono in grado di sciogliermi come neve al sole.

I morsi un labbro e i miei occhi brillarono dall'emozione.

« Spero che non ti dimenticherai di me dopo l'eclissi »

Mi accarezzò i capelli con una mano, mentre io sussultai al sentire pronunciare quelle parole.

In quelle ultime settimane me ne ero completamente dimenticata. L'eclissi ormai era sempre più vicina e quelli potevano essere le ultime notti che trascorrevamo insieme.

« Questo non succederà mai! » mi strinsi ancora più forte a lui e chiusi gli occhi sperando che le lacrime non cominciassero ad affiorare.

Solo un'altra settimana! Solo un'altra misera settimana! Per un po' non riuscii a pensare ad altro. Mi sentivo come se fossi stata condannata a morte.

« Oh, il tuo amichetto crede il contrario! » lo sentii ridere e il suo petto si mosse più volte verso l'alto « Pensa che oggi, ogni volta che mi si avvicinava, continuava a ripetermi "Non arriverò più dopo di te, amico mio!" oppure "Fra qualche settimana dovrai dividerla con me" » nel pronunciare quelle ultime frasi cambiò leggermente il tono di voce per imitare quello di Henry, mentre io mi sentii sempre più risucchiata in un vortice « Come se fossi io il motivo per cui non è riuscito ancora a convincerti a dargli un'occasione! »

Rise sinceramente divertito, mentre io mi strinsi alla maglia bianca che indossava, trattenendo le mie emozioni negative e mostrando soltanto un sorriso forzato.

I miei muscoli tesi, tuttavia, riuscirono ad insospettirlo prima ancora che potessi cercare una scusa per giustificarmi.

« Selène? » il suo tono faceva presagire l'inizio di un rimprovero.

« Si? »

Alzai lo sguardo verso l'alto e feci un sorriso fingendo di non capire cosa volesse intendere.

« Cosa sai di questa storia? »

Mi morsi un labbro e mi strinsi nelle spalle.

« Nulla » mentii, ma non ci sarebbe voluto molto a capire che stavo soltanto fingendo.

Le sue sopracciglia s'incrinarono, formando delle piccole sulla fronte e le labbra di distorsero in un'espressione contrariata ed indagatrice.

« Beh, forse » Perché mi sentivo tanto colpevole? « gli ho detto che dopo la gara, probabilmente gli avrei dato una possibilità di farsi conoscere meglio. O qualcosa del genere. » chinai il capo e chiusi gli occhi in attesa di un suo rimprovero, ma questo non arrivò come previsto.

« E perché l'avresti fatto? » chiese lui confuso, tirandosi su e sedendosi in mezzo al fieno « È soltanto perché ti preoccupi della gara e degli allenamenti? O forse c'è dell'altro? » riuscii a percepire il tono rammaricato della sua voce anche se questo era appena percettibile.

Feci un respiro profondo e mi sedetti esattamente di fronte a lui.

« In realtà, » cominciai, passandomi una mano tra i capelli e gettando alcune ciocche all'indietro « non sapevo come dirgli di no senza ferirlo, così gli ho detto che volevo concentrarmi solo su...te » gesticolai senza rendermene conto e le mie guance cominciarono ad assumere un colorito molto più tendente al rosso scuro.

Lui per qualche attimo non rispose e si limitò ad osservarmi contrariato. Pareva quasi preoccupato per qualcosa.

« Non è per me, vero? » chiese poi, ad un certo punto.

Quella volta fui io ad osservarlo confusa.

« Come? »

« Non è per colpa mia » ripeté lui in tono più freddo e deciso « se tu non vuoi dare una possibilità al ragazzo, giusto? »

Mi paralizzai da capo a piedi e sentii il mio cuore arrestarsi tutto d'un tratto. Ma cosa stava succedendo? D'un tratto le brevi distanze che c'erano tra noi parvero chilometri e il calore che mi aveva scaldata fino a qualche attimo prima aveva lasciato il posto ad un freddo gelido e pungente.

« Io.. » le parole mi si bloccarono in gola e non riuscii a rispondere. Certo che era per lui! Cosa pensava? Non avrei mai avuto bisogno di nessun altro se avessi avuto lui al mio fianco. Le nostre passeggiate, le nostre risate e anche le varie cadute durante una galoppata, erano l'unica cosa di cui avrei sempre avuto bisogno. Il resto non m'interessava più.

« Se non mi avessi incontrato » continuò lui imperterrito « Avresti rifiutato ugualmente quel ragazzo? »

Deglutii.

Non mi ero mai sentita più in soggezione di così in vita mia. Era come essere il principale indiziato di un omicidio durante un interrogatorio.

Chinai il capo verso il basso, facendo seguire lo stesso movimento anche alle mie spalle, e lo osservai di nascosto attraverso le ciocche di capelli che mi ricadevano dinnanzi agli occhi, mentre lui si alzava in piedi con movimenti secchi e con un atteggiamento dispiaciuto.

« Non vedo che problema c'è! » esclamai dopo un po', quasi irritata, evitando però di incrociare il suo sguardo.

« Non vedi che problema c'è? » ripeté lui, alzando la voce di qualche tono « Selène, ti rendi conto di quello che dici? »

Ogni parola era un duro colpo allo stomaco.

Provai ad alzarmi senza essere costretta a guardarlo, ma quando i miei occhi incrociarono per sbaglio il suo viso, vidi una delusione che avrei preferito non vedere mai nei suoi occhi.

« Perché ti da così fastidio che non abbia bisogno di altro e che mi senta già completa in questo modo? » provai a ribattere, ma evidentemente senza alcun risultato.

« Beh, magari perché mi stai dicendo che sono *io* il motivo di questo tuo atteggiamento e che se ci fosse stato qualcun altro al posto mio non sarebbe stato lo stesso, o sbaglio? »

Mi sentii sprofondare.

Cosa potevo dirgli a quel punto? Aveva dannatamente ragione quando diceva che non sarebbe stata la stessa cosa con nessun altro, ma perché faceva sembrare le cose tanto terribili?

« Santo cielo, Selène! » pronunciò quell'ultima frase con un tono più compassionevole « Non avevo capito che le cose stavano in questo modo! » sentii il rammarico nella sua voce « Ti avevo detto di non confondere il concetto di affinità con quello di anime gemelle! »

Quelle parole furono come una pugnalata in pieno petto.

Non avevo mai pensato davvero che i miei sentimenti avessero potuto superare anche solo per un attimo, quella soglia sottile tra amore fraterno e amore e sentirmelo rinfacciare in quel modo fu un duro colpo per il mio cuore.

« Ma io ti amo, Riven! » confessai d'un tratto, senza rendermi nemmeno conto del peso delle parole che avevo appena pronunciato « Ti amo e non posso farci niente se desidero solo stare con te! »

Ad ogni singola sillaba il suo sguardo diveniva soltanto più dolente e i suoi muscoli presero ben presto, a tremare da capo a piedi.

« Non puoi dire una cosa del genere! Non puoi *provare* una cosa del genere! » urlò lui furioso, quasi gli avessi appena confessato di avergli ucciso un figlio.

« Perché? » chiesi confusa « Perché credi che sia impossibile una cosa del genere? So che anche tu provi le stesse cose, non puoi negarlo! Se invece, sto sbagliando tutto, dimmi che non provi lo stesso! » Provai ad avvicinarmi a lui, ma fui costretta a desistere dal mio intento tanto era lo sconvolgimento sul suo viso. Continuò a scuotere il capo con disappunto e a guardarmi come se lo avessi appena pugnalato, senza però rendersi conto che quella ad essere pugnalata in quel momento, ero soltanto io.

« So che mi vuoi bene e, che daresti la vita per me » mormorò lui, tentando di rimanere calmo « Come io farei per te » si affrettò a precisare « Ma quello che tu credi di amare è soltanto questo corpo! » aprì le braccia e indietreggiò di qualche passo per posizionarsi al meglio al di sotto della luce della lampada « L'amore che tu sostieni di provare, non è lo stesso che provi quando sei con me durante il giorno! » scossi il capo. Volevo controbattere, ma non ci riuscii « L'attrazione che provi è per questo corpo, non per me! »

« NO! » urlai a quel punto « No, non è vero! » non mi resi conto di aver cominciato a negare anche a me stessa « È te che amo non il tuo corpo! Sei tu che mi fai star bene ogni volta che stiamo insieme! Sei tu che mi fai battere il cuore! » inghiottii quel nodo che mi opprimeva la gola nel tentativo di dire ogni cosa che pensavo nel migliore dei modi « Tu sei speciale, tu sei... »

Non riuscii a terminare quella frase.

« Un cavallo! » concluse lui, facendomi sentire orribile « Sono un cavallo, Selène! Non sono un ragazzo! » ormai non sentivo più le mie gambe. Solo un grosso peso sul cuore che mi opprimeva ogni istante di più « Non ho i capelli biondi, né delle braccia per poterti stringere come vorrei » alcune lacrime presero a scendermi lente sulle guance, ardendo ogni centimetro della mia pelle al loro passaggio « Ma questo fa parte della nostra natura, e tu devi accettarlo! »

Mi si avvicinò lentamente, con fare molto più calmo rispetto a qualche minuto prima, ma con la stessa smorfia rattristata negli occhi, e mi prese poi le mani tra le sue.

« Noi siamo fatti per stare insieme in un modo del tutto nostro, e nessuno potrà mai dire il contrario » sussurrò, mentre i miei occhi continuavano a far sgorgare le lacrime in maniera incontrollata « Ma quello che tu chiedi, va al di là di ogni sorta di cosa possibile! »

Erano così vere quelle parole, ma allo stesso tempo così tristi che mi sentii soffocare dal dolore.
Non potevo accettare l'idea che l'unica persona in grado di farmi stare davvero bene fosse qualcuno che in realtà non avrei mai potuto avere al mio fianco nel modo in cui desideravo.

« Per favore, Selène, non fare così! »

La sua voce, in quel momento non faceva altro che rafforzare i sentimenti contrastanti che provavo.
Quando le sue mani si poggiarono sul mio viso e presero ad asciugarmi delicatamente le guance, fui quasi sul punto di crollare. *Solo qualche altro giorno!* Riuscii a pensare. Solo qualche altro giorno e poi avrei dovuto dire addio a quelle mani calde sul mio viso, avrei dovuto dire addio alle sue battutine allusive, avrei dovuto dire addio alla sua voce.
Dio, quanto mi sarebbe mancata la sua voce! Avrei dato di tutto pur di poter conservare quell'unico privilegio ancora per un po'.

Mi gettai sul suo petto piangendo a dirotto e lasciai che le sue braccia mi cullassero dolcemente, senza opporre la minima resistenza.

« Ti prego » mi mormorò lui all'orecchio con un semplice sussurro « Non lasciare che questo rovini tutto. » mi passò una mano tra i capelli e lasciò che continuassi a sfogarmi per tutto il tempo « Il tempo è quasi scaduto. » ribadì lui, facendomi solo rattristare di più « Non permettere che questo rovini le nostre ultime notti insieme! » mi strinsi ancora più forte a lui non sopportando quel pensiero « Anche dopo l'eclissi, potrai sempre contare su di me. Non ti abbandonerò mai. Sarò sempre al tuo fianco. Ma adesso cerca di ragionare e non lasciare che una stupida attrazione per un corpo non mio, possa rovinare tutto quello che abbiamo costruito in questi ultimi mesi. » lentamente, il mio cuore veniva trasportato sempre più verso un luogo buio e tetro.

Sentivo che lo stavo perdendo, che qualcosa lo stava portando via da me, e ciò riusciva ad offuscare totalmente la mia lucidità.

« Ehi » ad un certo punto mi prese il viso tra le mani e me lo sollevò leggermente per costringermi a guardarlo in quelle due pietre nere incastonate alla perfezione sul suo volto « Quello che c'è tra noi è reale! È un sentimento puro che non morirà mai, neanche dopo una stupida eclissi! » esclamò, facendomi uno dei suoi meravigliosi sorrisi « Ma devi essere prima tu a crederci! Devi credere che nulla potrà mai far finire tutto questo, anche se i nostri modi di comunicare da ora in poi saranno diversi. Devi credere » si bloccò per qualche attimo « che il nostro legame sia più forte di un discorso » sorrise « In amore un semplice sguardo vale più di mille parole! »

Tornai a stringerlo.

Lo abbracciai forte, quasi come se in quel modo non ci fosse stato il rischio di perderlo e me ne rimasi ad ascoltare i battiti del suo cuore per un tempo interminabile, ma che a me parve fin troppo breve rispetto alla velocità con cui era trascorsa quella notte.

Per tutto il tempo lui mi accarezzò piano i capelli, solleticandomi alla base del collo ogni volta che le sue dita mi sfioravano la pelle, e mi sussurrò parole di conforto ad ogni mio singhiozzo.

Poi il gallo cantò e quando mi svegliai, i miei occhi stavano ancora annegando tra le lacrime.

La prima cosa che provai fu un immenso vuoto. Un vuoto che sapevo non sarebbe stato colmato così facilmente e che mi fece sentire talmente sola e triste che niente riuscì ad impedirmi di scoppiare di nuovo a piangere.

Era come se una cinta fosse stata stretta intorno al mio collo e qualcuno avesse cominciato a stringere sempre più forte, fino a

farmi smettere di respirare.
Non riuscivo a credere che sarebbe davvero finita in quel modo. Perché il destino ci aveva offerto un'opportunità del genere per poi farci soffrire senza una valida ragione?
Era tutto così ingiusto che non riuscivo nemmeno più a ragionare. Ormai mi ero talmente convinta che ogni cosa fosse contro di me da non vedere più come stavano realmente i fatti.

Sono un cavallo, Selène! Non sono un ragazzo! Quelle parole continuavano a risuonare nella mia mente come una condanna. Perché mi ero lasciata travolgere così tanto da lui da non rendermi conto di quanto potessero essere sciocche e assurde le mie idee? Lui non era un essere umano e per quanto lo desiderassi, non lo sarebbe mai stato.
Tutti quei sogni e tutte quelle notti che avevo trascorso tra le sue braccia mi avevano solo illuso di un qualcosa che in realtà non esisteva. O meglio, esisteva soltanto nei miei sogni.

Mi voltai di lato e mi strinsi al cuscino chiudendo gli occhi ed immaginando i suoi occhi mentre mi osservavano dolcemente da lontano. Almeno i suoi occhi erano un qualcosa che esistevano nella realtà così come nei sogni.

13
Hurt

Le notti seguenti non riuscii a sognarlo.

Mi giravo e rigiravo nel letto senza chiudere occhio. Ormai erano cinque giorni che non avevo notizie di lui. A causa dell'acquazzone che stava opprimendo la città, il circolo ippico era rimasto chiuso e le lezioni erano state rinviate alla settimana successiva.

Avevo provato a convincere i miei genitori a lasciarmi andare anche solo per qualche ora con la scusa di aiutare gli altri nel loro lavoro, ma non avevano voluto sentire ragioni.

Dopo l'ultima uscita in cui avevo rischiato di ammalarmi seriamente, non se la sentivano di farmi uscire con quel tempo orribile, così mi avevano costretta a rimanere in casa fino a quando le cose non si sarebbero calmate.

Dannato temporale! Di lì a due giorni ci sarebbe stata l'eclissi ed io non avrei avuto mai più l'opportunità di chiarirmi con lui per quello che ci eravamo detti.

Non potevo permettere che le cose tra di noi finissero in quel modo, non dopo tutto quello che avevamo vissuto in quei magnifici mesi.

Mi sedetti sul letto e cominciai a pensare.
In un attimo mi tornarono alla mente i vari momenti trascorsi in sua compagnia. Le corse, i salti, anche le prime lezioni che a quel tempo parevano tanto insormontabili, erano i ricordi più belli che avessi mai avuto. Ogni secondo trascorso con lui era stato indimenticabile.

Sorrisi.
Mi strinsi ad un orso di peluche marrone poggiato sul mio letto e lo stritolai talmente forte che se fosse stato reale sarebbe di sicuro soffocato.

Come era ingiusta la vita!
Un moto di rabbia mi diede, poi, una forte scarica e mi fece scaraventare il povero pupazzo dritto dall'altro lato della stanza.

Mi alzai di scatto ed andai alla mia finestra.
Scostai appena le tendine bianche che mi impedivano di vedere all'esterno, e poggiai una mano sul vetro umido.
In quei giorni, non c'era neanche bisogno di guardare il cielo per rendersi conto della presenza della pioggia, ma bastava soltanto ascoltare le pesanti gocce che cadevano ininterrottamente sulla strada, battendo talvolta contro i vetri o contro i muri delle case.

Con tanti momenti a disposizione proprio in quel periodo doveva piovere! Come potevo non credere che anche il destino si fosse organizzato per prendersi gioco di me?

Sospirai.
Il paesaggio che vedevo al di fuori della mia camera era un'indistinta macchia grigia che si estendeva verso l'orizzonte senza dare alcun presagio di un qualcosa di buono.
Sorrisi divertita quando mi resi conto che anche durante le giornate migliori quel luogo non era poi così ridente.
Eppure da piccola avevo sempre adorato quella vista che si godeva dalla mia camera. Vivevo ad uno degli ultimi piani del palazzo più alto della mia città e da lì riuscivo a vedere sempre una distesa di

tetti rossi e gialli che ricoprivano tutta la visuale circostante.
Ogni volta che guardavo attraverso quel vetro, mi sentivo sempre come se fossi stata in grado di raggiungere ogni luogo che avessi desiderato, eppure in quel momento, quella stessa vista mi provocava sensazioni di disgusto e di disagio.

Dopo essere stata tra il verde di quelle meravigliose colline ed aver vissuto a stretto contatto con la natura, anche se solo per pochi mesi, quel grigio così triste ed insignificante non poteva non provocarmi angoscia e amarezza.

Poggiai la fronte sul vetro e sbuffai andando a creare, col mio fiato, alcuni aloni opachi sulla superficie.
No, non potevo permettere che finisse in quel modo. Avrei fatto i salti mortali pur di parlare con lui almeno un'ultima volta!

Richiusi di scatto le tendine lasciando che ondulassero per un po' senza controllo, e mi diressi a capofitto nel mio letto, immergendomi sotto le coperte e chiudendo gli occhi nel tentativo di prendere sonno.
Trascorsero una ventina di minuti prima che riaprissi le palpebre e dessi una nuova occhiata all'orologio sul mio comodino.

Erano le 3:45.
Non era cambiato assolutamente nulla dall'ultima volta in cui mi ero guardata intorno. Eppure erano giorni che tentavo di dormire senza riuscire nel mio intento. Ormai dovevo aver già dovuto perdere tutte le forze!

Chiusi nuovamente gli occhi e sperai che quella volta i miei tentativi avessero dato i frutti sperati.
In quei giorni, l'unica volta in cui ero riuscita a prendere sonno, non avevo fatto altro che sognare una serie di ostacoli che avrei dovuto saltare da sola, senza l'aiuto di nessuno, e una risata maligna che si avvicinava sempre di più, nonostante continuassi a correre in avanti con tutte le forze che avevo.

Fu orribile.

Ormai niente era più lo stesso senza di lui. Come potevo anche solo sperare di farcela ad accettare l'idea di non sentire più la sua voce se non riuscivo nemmeno a stargli lontana qualche giorno.

Aprii gli occhi di scatto.

La vista di quella luce mi riempì il cuore di una gioia indescrivibile ed i miei muscoli riacquistarono subito la loro iniziale energia.

Dopo qualche secondo ero già in piedi che correvo attraverso la scuderia alla ricerca di quella chioma bionda e di quegli occhi neri così familiari e così importanti per il mio cuore.

« Riven? » gridai a squarciagola « Riven dove sei? »

Corsi per tutta la scuderia almeno una decina di volte, urlando il suo nome con tutto il fiato che avevo, ma senza riuscire a vederlo neanche per un istante.

Vuoto.

Quel posto era completamente vuoto. Persino le altre stalle che, durante i nostri sogni erano sempre occupate dai vari cavalli, in quel momento erano deserte.

Mi guardai intorno attentamente e mi resi conto solo allora che sembrava quasi di trovarmi in un altro luogo. La luce che illuminava l'ambiente proveniva da una lampada ad olio e ogni centimetro della struttura era fatta di legno.

La cosa più strana di tutte, però, era che sembrava completamente abbandonata.

« Riven » gridai di nuovo, mentre una paura insensata cominciò ad invadermi « Riven, dove sei? »

Le gambe presero a tremare e la testa a girarmi vorticosamente. Sapevo che si trattava solamente di un sogno, eppure quella sensazione di vuoto che provavo riuscì a paralizzarmi. Ero sola, completamente sola ed ero terrorizzata dal fatto che le cose sarebbero rimaste in quel modo per sempre.

Lui non c'era e da quel momento in poi non ci sarebbe più stato. Avrei potuto correre all'infinito in quella scuderia che ormai conoscevo come le mie tasche, ma non l'avrei trovato ad aspettarmi con quel suo solito sorriso appena percettibile e con quel suo sguardo magnetico in grado di inchiodarmi al muro in meno di qualche istante.

Caddi sulle ginocchia e affondai il viso nelle mani.

I miei occhi s'inumidirono fino a divenire totalmente opachi e ad impedirmi di vedere, ed una serie di lacrime scesero incontrollate sul mio viso, senza lasciare neppure un centimetro di pelle asciutto.

Era così opprimente quel peso che avevo sulle spalle, così difficile da sopportare che l'unica cosa che potevo fare in quel momento, era quella di tentare di mandar via il dolore tramite quelle piccole gocce d'acqua salata che fuoriuscivano dagli angoli dei miei occhi.

Trascorsi quelle che a me parvero ore, a piangere disperatamente, senza riuscire a fermarmi nemmeno per un secondo, fino a che il nodo che avevo alla gola divenne talmente stretto da impedirmi persino di respirare.

Poi qualcosa di caldo si poggiò sulla mia testa ed alcune carezze iniziarono a tranquillizzarmi.

« Sssh »

Mi voltai di scatto, alzando lo sguardo verso l'alto.

Gli occhi ancora appannati mi impedirono di mettere a fuoco le immagini, ma le sue pupille nere le avrei riconosciute ovunque, anche al buio.

« Riven! » esclamai entusiasta, sentendo il cuore ricominciare a battere.

« Ehi » sussurrò lui in tono calmo, chinandosi al mio fianco e continuando ad accarezzarmi delicatamente i capelli.

« Oh Riven! » gli occhi mi si riempirono di lacrime, ma

questa volta per la gioia di averlo rivisto almeno un'ultima volta.

Provai a gettarmi al suo collo, spinta dal desiderio di stringerlo a me, di sentire il suo profumo e il calore della sua pelle, ma lui mi bloccò, fermandomi per le spalle.

« Non posso, Selène »

Sentii il dorso della sua mano sfiorarmi piano la pelle del viso per asciugare una lacrima che era rimasta immobile sulla mia guancia e osservai il suo sguardo vuoto e privo di espressione senza capire cosa stesse accadendo realmente.

Aggrottai le sopracciglia e dischiusi le labbra.

« Che, cosa? » riuscii a mormorare, ma con un filo di voce talmente basso da non essere percepito neanche dalle mie stesse orecchie.

« Non posso restare qui » poggiò la sua mano sulla mia nuca e mi tirò a sé per darmi un piccolo e tenero bacio sulla fronte « Mi dispiace »

Prese poi, ad allontanarsi lentamente da me ed una nuova ondata di terrore mi invase da capo a piedi.

« Perché? »

Lui mi fissò dispiaciuto.

« Non posso se tu non capisci » disse « Non se ti ostini in questo modo »

Lo guardai immobile, con la bocca aperta e senza riuscire a pronunciare una minima sillaba.

No, non riuscivo a capire. Perché non poteva restare con me? Perché non potevamo trascorrere quell'ultima notte insieme prima di dirci addio? Chiedevo forse troppo? Soltanto un'altra semplice notte in sua compagnia!

« Non rovinare tutto, ragazza. Non voglio credere che tu abbia frainteso tutto. Che non abbia capito realmente quanto sia speciale il nostro legame » esclamò lui dopo un po' « Non lasciare che la vista offuschi il tuo cuore »

A quel punto, si alzò lentamente, lasciando scivolare anche l'ultima ciocca di capelli che era rimasta tra le sue dita, ed indietreggiò di qualche passo in direzione del grande portone principale.

« No! Ti prego, non andare via! »

Non fui in grado di muovermi.

Strisciai per terra di alcuni metri, ma le mie gambe non ne vollero sapere di reggermi in piedi.

« Non posso Selène » ripeté lui « Non finché non capirai che sarà sempre lo stesso tra noi. Che non cambierà niente. »

Sentii una fitta al cuore nel sentirgli pronunciare quelle parole, ma ormai avevo già accettato il fatto di non poterlo avere al mio fianco nel modo in cui desideravo, cosa dovevo capire ancora?

Le immagini, tutto d'un tratto, iniziarono ad allontanarsi mano a mano, senza che il gallo avesse cominciato a cantare, e la vista divenne poco per volta sempre più sfocata.

No! Non poteva succedere così presto. Non ancora.

Avevo così tante cose da chiedergli, non sarei riuscita ad addormentarmi ancora una volta.

Mi alzai rapidamente da terra, facendo appello alla mia forza d'animo e alle energie che mi erano rimaste, e presi a correre verso di lui, tendendo una mano in avanti nel tentativo di afferrarlo.

Più correvo, però, più la sua immagine si allontanava da me, fino a che non vidi soltanto un punto dorato svanire nel vuoto.

Mi ritrovai seduta in mezzo al letto senza neanche sapere come avessi fatto ad alzarmi.

Avevo il respiro affannoso e il cuore mi batteva a mille. Portai una mano al petto quasi nel tentativo di fermare quelle pulsazioni accelerate e con la mente, ripensai alle ultime parole che mi aveva detto prima di sparire.

Non finché non capirai che sarà sempre lo stesso tra noi. Che non cambierà niente. Non lasciare che la vista offuschi il tuo cuore.

Cosa? Cosa dovevo capire?

Per quanto mi sforzassi non riuscivo a comprendere a cosa si riferissero quelle parole.

Gettai all'aria le coperte spinta dalla rabbia e accesi la luce del mio comodino per non restare completamente al buio.

Mi diressi poi, al mio comò e aprii il primo cassetto, quello in cui tenevo tutti gli oggetti che per noia o per mancanza di tempo non mettevo mai al loro posto, e vi cercai all'interno quel pezzo di carta in cui era impressa tutta la mia felicità.

Poi lo trovai.

La foto in cui ero accanto a Riven e avevo le mie braccia strette intorno al suo collo.

Anche se era buio riuscivo perfettamente a vedere la serenità e la gioia che esprimevano i miei occhi mentre lo osservano di nascosto.

Quando ero accanto a lui ogni cosa sembrava migliore e mi sorprese il fatto che quella foto fosse in grado di trasmettermi delle emozioni positive pur senza parole o senza dolci carezze.

Eravamo soltanto io e lui ed era solo quello che contava. Come avevo fatto a dimenticarmene?

Ormai eravamo giunti ad un punto in cui non avevamo più bisogno di parole. Ci bastava un semplice sguardo per riuscire a capirci.

E per quanto mi sarebbe mancata la sua voce, non avevo bisogno di sentirlo parlare per capire a cosa stesse pensando. E la stessa cosa valeva anche per lui.

Portai una mano alla fronte e chiusi gli occhi, rimproverando me stessa per essere stata così ottusa. *Ecco cosa mi voleva dire!* Le cose tra noi non sarebbero mai cambiate, semplicemente perché, anche senza parole, avremmo continuato a capirci tranquillamente. Aveva ragione su tutto. Aveva sempre avuto ragione, sin dall'inizio. Io e lui non avremmo mai potuto essere una coppia,

non eravamo destinati ad essere due anime gemelle. Ma saremo ugualmente rimasti insieme per la vita.
Il nostro legame andava al di là dell'umana comprensione ed un legame così non si sarebbe mai potuto creare con nessun ragazzo.

Lui era il *mio* cavallo, ed io ero la *sua* umana.
Perché mi ero tanto ostinata a volere l'impossibile quando la felicità era già davanti ai miei occhi?

Ritornai a letto con gli occhi pieni di lacrime ed attesi sveglia, il momento in cui il sole spuntò dalle spalle di alcune case annunciando l'inizio di una nuova giornata.
Quella mattina ero decisa ad andare al centro ippico anche se fuori ci fosse stato il diluvio universale.
Non potevo attendere oltre. Ormai il conto alla rovescia era cominciato.

« Ehi Selène! »

« Ciao Henry! Scusa, ma non mi posso fermare, vado di corsa! »

« Buon giorno signorina Selène »

« Oh, ciao Amir! Ascolta, per caso hai visto Riven? Non riesco a trovarlo da nessuna parte! » rallentai abbastanza da poter osservare ogni movimento del suo volto.

« L'ultima volta che l'ho visto era nel suo box » mormorò, sfregandosi il mento con una mano « Non credo l'abbiano fatto uscire. O avrei sentito di sicuro qualche urla e alcuni boati! »

Mi fece un occhiolino ed io sorrisi appena.

« Non sarà mica scappato? »

I suoi occhi si spalancarono ed il suo sguardo divenne preoccupato.

Mi morsi un labbro.
Lo avevo cercato ovunque senza riuscire a trovarlo e cominciavo seriamente a dubitare del fatto che gli potesse essere successo

qualcosa, ma preferii nascondere quella mia preoccupazione almeno per qualche altro minuto.

« Forse ho soltanto sbagliato box! »

Mi diedi un piccolo colpo sulla testa, fingendomi sbadata e corsi via senza nemmeno dargli la possibilità di rispondere.

Era la scusa più stupida che mi era venuta in mente, ma almeno era servita per farmi prendere tempo.

Dove diamine è finito?

Mancavano soltanto pochi minuti all'eclissi ed io non riuscivo a trovarlo!

« Riven? »

Provai per l'ennesima volta nel suo box, ma al suo interno c'era soltanto del terriccio ed alcuni fili di fieno. Niente Riven, niente di niente.

Mi sentii quasi svenire. Che fosse accaduto davvero qualcosa? Forse sarebbe stato meglio chiedere spiegazioni ad Henry.

Corsi così verso l'esterno, sentendo il mio cuore scoppiare a causa del fiatone che mi impediva di respirare, e spinsi forte la porta principale per uscire dalle scuderie.

Una volta fuori una strana sensazione di freddo mi fece venire la pelle d'oca.

Alzai il capo.

Il cielo aveva iniziato a scurirsi, eppure non c'era nemmeno una nuvola. Voltai istintivamente il capo verso il sole e mi coprii gli occhi con una mano.

Ormai, però, era tardi. L'eclissi era cominciata.

14
L'eclissi

« Ciao »

Con un sussulto mi voltai alle mie spalle, continuando a coprirmi gli occhi con una mano, quasi come se fosse stata un berretto.

« Ciao » sussurrai non riuscendo a credere a ciò che avevo dinnanzi. Per un attimo sentii il cuore fermarsi di botto, come colto da uno spavento improvviso.

« Ti aspettavo. Sapevo che saresti venuta »

Aprii bocca, ma la richiusi immediatamente.

Feci quel movimento per tre volte di fila prima di decidermi a smetterla.

Lui sorrise ed una piccola scintilla brillò nei suoi occhi neri, lasciandomi totalmente senza fiato.

« Cos'è? Hai perso la lingua? »

Poggiò entrambi i pugni suoi suoi fianchi e chinò leggermente la testa di lato per osservare meglio la mia espressione.

« Tu..tu.. »

Deglutii a fatica.

Di sicuro quello era uno dei miei sogni, perché era del tutto impossibile che lui si trovasse davvero di fronte a me, in forma umana e specialmente in pieno giorno.

« Io? » un angolo della sua bocca s'inarcò verso l'alto creando una piccola fossetta sulla guancia. Allungai una mano per sfiorarlo, ma non ne ebbi il coraggio.

I suoi occhi seguivano ogni mio movimento e la sua espressione era estremamente compiaciuta. Non ci sarebbe voluto molto a capire che si stava prendendo gioco di me e che si divertiva anche nel farlo.

« Non puoi, non è possibile! » balbettai, mentre lui prese a ridere sotto i baffi.

« Cosa non è possibile? » chiese beffardo.

Lo guardai di sottecchi lanciandogli uno sguardo di rimprovero per quel suo continuo prendersi gioco di me.

« Non puoi essere qui! » dissi, infine, d'un fiato.

Rise.

Era così strano riuscire a sentire la sua risata dal vivo, che quelle sensazioni mi provocarono un brivido caldo ed intenso lungo tutta la schiena.

« È vero. Non potrei »

Sbattei le palpebre più volte, continuando a non capire. Odiavo quando rimaneva sul vago senza darmi una risposta precisa.

« E allora come è possibile? »

Mi sciolsi quando lo vidi sorridere di nuovo.

« È l'eclissi. L'effetto durerà soltanto il tempo che il sole sarà oscurato »

Sospirai, sentendo le speranze morire poco a poco.

« Oh »

Nel vedere la mia espressione delusa i suoi occhi si accesero ancora di più di entusiasmo e le sue mani presero ad accarezzarmi dolcemente il viso.

« Coraggio, non fare così! » mi sollevò il mento in modo che potessi essere risucchiata meglio dal suo sguardo magnetico « Non è la fine del mondo! »

Sorrisi.

Sarei annegata volentieri nell'oceano creato dai suoi occhi. Era come un'attrazione fatale, che ti faceva sentire viva soltanto quando ti portava via il respiro.

« No, non è la fine del mondo! » esclamai, bisbigliando quelle parole con un tono commosso.

Chiusi poi, gli occhi e spinsi forte la mia guancia contro il palmo della sua mano. Inspirai a fondo e lasciai che il formicolio che nasceva là dove la sua pelle toccava la mia, si espandesse lentamente in tutto il corpo.

« Oh Riven! »

Quando il mio cuore riprese a battere, mi gettai su di lui con gran voga e gli cinsi i fianchi con le braccia.

Era la prima volta che riuscivo ad abbracciarlo interamente sotto la luce del giorno. Il suo corpo, in quel momento, non aveva delle dimensioni gigantesche rispetto al mio.

Lui ricambiò la mia stretta con la stessa intensità e per un attimo nessuno dei due parlò, per timore di rovinare quegli istanti così magici e allo stesso tempo così reali.

« Vorrei tenerti con me per sempre! » mormorai, rompendo per prima il silenzio.

Avevo la guancia poggiata sul suo petto e le mani premute contro la sua schiena. Nel pronunciare quelle parole sentii il suo cuore accelerare per alcuni secondi e martellare ripetutamente contro il mio orecchio sinistro.

« Ah Ah Ah! » mi rimproverò lui, picchiettando con un dito sulla punta del mio naso « Non ci stiamo mica dicendo addio? »

Sorrisi.
Alzai, poi, leggermente lo sguardo verso di lui e osservai i suoi lineamenti ad una distanza così ravvicinata da farmi quasi perdere i sensi.

« Lo so » dissi con un fil di voce « Saremo insieme per sempre! » tornai a poggiare la testa contro il suo petto e, per la prima volta dopo gli ultimi giorni, credetti davvero a quell'affermazione. Dopotutto, eravamo nati per incontrarci, e neppure la natura avrebbe potuto separarci.

Sentii le sue mani scorrere delicatamente su tutta la lunghezza dei miei capelli, per poi continuare a proseguire lungo la schiena. Le sue dita bruciavano a contatto con la mia pelle e, pur essendo separate da uno strato di vestiti, riuscii a rabbrividire al semplice tocco.

Quando sorrise e poggiò le sue labbra sulla mia fronte, fui quasi tentata di piangere dalla gioia. Ero felice. Il destino mi aveva dato l'opportunità di stringerlo realmente tra le mie braccia almeno per una volta e, non avrei più perso tempo a lagnarmi del fatto che era troppo poco.
In quella occasione mi sarei goduta ogni singolo attimo con lui, per poi rendere più dolce la nostra separazione.

Dopo un po', Riven alzò gli occhi al cielo e sospirò profondamente.

Chiusi le palpebre.
Era quasi ora. La luce dei raggi del sole stava già riprendendo ad illuminare il paesaggio e quel lieve buio stava svanendo poco a poco.

Strinsi con le mani, la sua camicia bianca tanto da finire quasi per strappargliela di dosso e ascoltai i battiti del suo cuore cercando di non far caso a tutto il resto.

« Selène »

Le sue labbra erano all'altezza delle mie orecchie e

sussurravano dolcemente il mio nome, provocandomi brividi in tutto il corpo.
Ad un certo punto, poi, le sue mani si poggiarono sulle mie spalle e premettero piano per farmi spostare di alcuni centimetri.
Fui costretta, allora, ad alzare il mio sguardo verso di lui e a vedere i suoi occhi brillare come non mai.

Trattenni il fiato.

« Ricorda » cominciò lui, prendendomi il volto con entrambe le mani « che in ogni istante della mia vita » deglutii. Eravamo così vicini! « ti vorrò sempre bene! Anche se non potrò dirtelo. Anche se non potrò abbracciarti per farti sapere quello che sento! » con una mano mi accarezzò i capelli, per poi tornare a sorreggermi il viso « Non dimenticarlo mai. » scossi il capo « Prometti che niente ti farà mai dubitare dei miei sentimenti! »

Annuii.

« Non accadrà mai una cosa del genere, te lo prometto! »

Alzai entrambe le mani e le poggiai sulle sue, intrecciando le nostre dita, e sentii subito un calore invadermi da capo a piedi.

Lui sorrise, poi si chinò leggermente in avanti, facendo ricadere la testa di lato di appena qualche centimetro, e mi tirò a se esercitando una lieve pressione sulla mia pelle.

Il tempo, così prese a scorrere a rallentatore e quei pochi istanti diedero vita ad una lenta, ma piacevole agonia.
Spostai più volte il mio sguardo dai suoi occhi alle mie labbra e sentii il sangue pulsare forte nelle mie vene a causa dell'attrazione che lui esercitava su di me.
Le gote divennero rosse e la vista mi si appannò totalmente. Sentii il suo profumo inebriarmi la mente ed il suo respiro divenire sempre più caldo ed intenso prima che divenisse un tutt'uno insieme al mio.
Vidi le sue labbra carnose fremere ogni volta che un altro millimetro veniva inghiottito dalla nostra presenza e le mie,

pulsare freneticamente in attesa di un suo tocco.

Quando con l' indice mi sfiorò appena il labbro inferiore, fui quasi sul punto di svenire; ormai era talmente vicino che a separarci c'era soltanto il suo dito.

Chiusi gli occhi e chinai leggermente il capo all'indietro.

Poi al suo dito, si sostituirono delicatamente le sue labbra e quel bacio fu una vera scarica di emozioni giunte inaspettatamente da un altra dimensione allo scopo di farmi provare un pezzo di paradiso.

Durò appena qualche istante, ma ciò che provai fu talmente intenso da ripagare tutta l'attesa.

« Non dimenticarlo mai, ok? » sussurrò alle mie labbra, mentre ancora i nostri nasi si sfioravano.

Mantenni premuta una sua mano al mio viso e chiusi gli occhi per assaporare quegli ultimi attimi.

« Mai » mormorai. E sapevo che sarebbe stato così.

Ormai era giunto il momento dei saluti, ma nonostante ciò, non ero affatto triste, né turbata. Anzi, ero serena.

« Ti voglio bene, ragazza »

Sorrisi, mentre lui si sciolse delicatamente dalla mia presa, iniziando ad indietreggiare poco per volta.

Alzai lo guardo per vedere un'ultima volta il sorriso rispendere su quel magnifico volto.

« Ti voglio bene anch'io » mimai appena con le labbra ed infine, una luce bianca, quasi trasparente, avvolse del tutto il suo corpo, facendolo svanire nel nulla come una piccola nuvola in balia del vento.

Contrariamente a quanto mi sarei aspettata non versai neanche una lacrima. In fondo, sapevo che una volta tornata nelle scuderie lo avrei trovato lì ad aspettarmi. Sarebbe sempre stato lì ad aspettarmi e questo nessuno avrebbe mai potuto cambiarlo.

Mi voltai alle mie spalle e alzai un'ultima volta il capo verso il sole. L'ultimo piccolo punto nero era svanito insieme a lui ed ora quel corpo celeste brillava con tutta la sua forza in un cielo che non era mai stato tanto sereno.

Sorrisi.

Quegli ultimi mesi avevo vissuto un sogno che avrebbe per sempre segnato tutto il resto della mia vita ed in quel momento non potevo essere triste semplicemente perché quel sogno era terminato.

Senza neanche aspettare qualche altro minuto, corsi in direzione delle scuderie per recarmi in quel box che ormai era divenuto la mia seconda casa.

Anche se ci eravamo appena salutati, non avrei atteso ulteriormente per poterlo rivedere. Non ne avrei mai avuto abbastanza di lui.

Come previsto, lui era lì.

Attendeva il mio arrivo con una sorta di impazienza negli occhi che mi fece venire da sorridere.

« Da quanto tempo non ci si vede, eh? »

Mi parve quasi di sentirlo sorridere.

Udire soltanto il suo nitrito, tuttavia, mi lasciò per qualche attimo stranita. Da qual momento, avrei dovuto iniziare a farci l'abitudine.

Aprii la porta del suo box e vi entrai all'interno posizionandomi alla sua sinistra.

Dopo qualche attimo di esitazione mi gettai al suo collo muscoloso e lo strinsi forte. Lui, invece, mi circondò totalmente con la sua testa, poggiandola sulla mia schiena, in un movimento che voleva imitare un abbraccio.

Sorrisi.

In fondo, non sarebbe cambiato nulla. Dovevamo solo lasciar parlare i nostri cuori piuttosto che le nostre labbra.

Gli feci una carezza sul collo e poi passai le mie dita nella sua criniera.

« Allora? Che ne dici? Ti va una passeggiata nel campo? » non mi aspettavo alcuna risposta, ma lo guardai ugualmente negli occhi come era mio solito fare « Solo io e te! »

La sua testa fece un movimento ondulatorio dall'alto verso il basso, quasi a mimare un "si" di conferma ed io non potei non sorridere divertita.

« Perfetto! »

Mi precipitai subito a prendere tutto l'occorrente di cui avevo bisogno per sellarlo, ma nell'osservare il suo sguardo mentre gli inserivo l'imboccatura, un'idea malsana eppure estremamente allettante mi passò per la testa.

Senza neanche rifletterci su, gli sfilai le redini dal collo e lo lasciai con indosso soltanto il sotto sella. Avvicinai poi una sedia alla sua pancia e vi ci salii sopra ritrovandomi quasi alla sua altezza.

Il suo capo, a quel punto, si voltò verso di me e i suoi occhi mi fissarono confusi.

Sorrisi.

« Siamo una cosa sola, giusto? Non potremo mai farci del male » mormorai sottovoce « Per oggi non abbiamo bisogno di redini. Soltanto io e te ed il nostro cuore a tenerci uniti »

In quel momento avevo bisogno di correre insieme a lui così come avevo sempre desiderato di fare, così come sognavo sin da quando ero una bambina, ma che non avevo mai avuto il coraggio di fare per timore di cadere.

Avevo bisogno di correre nel vento senza costrizioni, di sentirmi libera. E non potevo farlo se una parte di me era stretto da cinte e redini. Quella libertà potevo trovarla solo insieme a lui e soltanto a modo mio.

Saltai agilmente sulla sua groppa, senza preoccuparmi di tutto il resto e pensando soltanto a noi due e mi chinai leggermente in avanti per afferrare alcune ciocche della sua criniera.

« Non mi farai cadere, vero? » lo beffeggiai, sorridendo divertita, mentre lui sbuffò un paio di volte quasi come se si fosse offeso per quelle mie parole, dopodiché iniziò ad avanzare piano verso l'uscita.

« Selène! »

La voce forte di Henry ci costrinse poi, a fermarci poco prima di raggiungere l'esterno.

Era appena uscito dalla segreteria e aveva alcune carte in mano, probabilmente gli ultimi documenti da firmare per la gara. Non appena aveva intravisto Riven, si era subito avvicinato verso di noi per venire a salutarmi.

Come ogni volta, però, rimase comunque a debita distanza per evitare di infastidire il mio destriero.

« Ehi, ma.. » non si era reso conto del modo in cui stavo montando Riven fino a quando non fu distante appena qualche metro « Ma cosa stai facendo? » scandì precisamente ogni singola parola in modo che non potessi fraintendere.

Sorrisi divertita.

Dovevo sembrargli davvero una pazza quando mi comportavo in quel modo con Riven, ma non mi interessava.

« Non preoccuparti, Henry » gli feci un occhiolino e feci segno al mio cavallo di girare un paio di volte su se stesso, prima da un lato e poi dall'altro, per provare a fargli capire che non c'era nulla di cui preoccuparsi.

Lui, invece, continuò a fissarmi stranito.

« Andrà tutto bene » ribattei « Lui non mi lascerebbe mai cadere! » mi sporsi in avanti facendo combaciare il mio corpo con i muscoli del suo collo e mi strinsi a lui dolcemente, accarezzandogli la testa con una mano.

Riven si pavoneggiò in maniera spavalda, mostrandosi in tutta la sua possanza ed io risi divertita da quel suo modo di fare.

« Davvero, Henry » lo rassicurai nuovamente « Non fare

quella faccia, non succederà nulla! »

Riassunsi una posizione eretta e osservai Henry che mi fissava come se avessi perso completamente la ragione, ma che mi lasciò ugualmente fare a modo mio, avendo capito che tentare di fermarmi non sarebbe servito a nulla.

Provò un paio di volte ad aprire bocca, per provare a dire qualcosa che sarebbe dovuta servire a farmi cambiare idea, ma alla fine decise di non fiatare. Sarebbe stato soltanto uno spreco di energie.

Indietreggio di tre passi e con un braccio mi fece segno di avanzare verso l'esterno. Ormai si era arreso ai miei continui capricci.

Quando lo guardai, aveva in volto un'espressione scoraggiata, ma non ci feci molto caso.

Mi concentrai piuttosto sul verde del prato e sull'azzurro del cielo che vedevo al di fuori delle scuderie ed una scarica di adrenalina mi fece ribollire il sangue nelle vene.

« Vai! » gridai infine, e con una spinta ci lanciammo entrambi verso quella sensazione di libertà.

« Cerca di non farti male proprio poco prima della tua gara! » mi urlò Henry da lontano, ma ormai la mia mente non era più abbastanza lucida da riuscire a riflettere sulle sue parole.

Avevo solo un desiderio. Correre.

15
La gara

« Allora? Sei pronto? »

Ogni centimetro del mio corpo era in fibrillazione. Anche i muscoli di Riven erano più tesi del solito.

Era da tempo che non partecipava ad una gara e quella, per lui, così come anche per me, sarebbe stata la resa dei conti.
Quello era il momento in cui avremmo potuto dimostrare a tutti il nostro valore. Gli sforzi che avevamo fatti non erano stati inutili.

Lucius ci osservava da lontano con le braccia incrociate al petto e un'espressione dubbiosa.
Probabilmente si stava chiedendo se aveva fatto bene a fidarsi di me e di offrirmi quell'opportunità che mi aveva permesso di trascorrere molte delle mie giornate insieme a Riven, ed io ero decisa fino in fondo a fargli capire che non aveva fatto la scelta sbagliata.

Se avessi perso, o se avessi commesso anche il minimo sbaglio, avrei visto il suo pollice voltarsi verso il basso in segno di sconfitta e, allora, avrebbe potuto anche decidere di far terminare lì il mio percorso come cavallerizza e non potevo permettere una cosa del genere.

Vincere, non avrebbe portato soltanto delle ingenti entrate alle casse del centro ippico, ma avrebbe anche significato spianarmi la strada per il mio futuro insieme a Riven.

Dovevo farcela! Dovevo farcela ad ogni costo!

Un nitrito improvviso mi riportò con la mente alla realtà.
Mi chinai leggermente accanto all'orecchio di Riven e gli sfiorai il collo, accarezzandolo in maniera quasi ritmica.

« Ce la faremo, vedrai! » gli diedi alcuni piccoli colpetti di incoraggiamento e ritornai in posizione eretta.
Lui fece alcuni movimenti del capo per darmi il suo appoggio ed io mi sentii più carica che mai.

Avanzai lentamente.
Mancava poco al mio turno. In campo si stava esibendo ancora la vincitrice dell'anno precedente, la ragazza coi capelli corvini che avevo visto il primo giorno in cui avevo messo piede nel centro ippico, ed il suo magnifico cavallo nero.

Come la prima volta in cui la vidi, mi sentii elettrizzata.
Era davvero uno spettacolo vederla saltare. Sembrava essere nata per guidare quel destriero. Tra i due, inoltre, non c'erano parole, né comandi, solo un semplice scambio di sguardi, come se intuissero già in anticipo l'uno i pensieri dell'altro.
A differenza dell'ultima volta, però, in quell'occasione capii perfettamente a cosa fosse dovuta una cosa del genere. Era una perfetta sintonia che si poteva raggiungere soltanto quando due cuori battevano sulla stessa lunghezza d'onda.

Sorrisi.
Ormai non avevo nulla più da invidiare a quella ragazza. Avevo trovato anch'io la parte mancante di me ed il resto non aveva più senso.

« È l'ultimo salto » esclamò Henry d'un tratto « Fra poco

tocca a voi due »

Mi strinse le cinghie delle staffe a controllò per l'ennesima volta che la cinta della sella fosse ben stretta, dopodiché poggiò i pugni sui fianchi e mi guardò pieno di orgoglio.
Si poteva quasi dire che fosse addirittura più emozionato di me in quel momento.

Alzai lo sguardo ed osservai l'ultimo salto di quella ragazza.
Sembrava che stesse facendo la cosa più semplice e naturale del mondo dal modo in cui si muoveva, eppure, dietro ogni gesto c'era un significato ben preciso, una coordinazione perfetta che rendeva il tutto ancora più stupefacente da osservare.
Ebbi quasi l'impressione di saltare insieme a lei nell'istante in cui le zampe del suo cavallo si alzarono da terra, e di sentire il fruscio dell'aria quando gli zoccoli tornarono a calpestare il terriccio.

Fu davvero emozionante.
Non mi stupii minimamente del fatto che avesse ottenuto il massimo dei voti. Non aveva sbagliato nulla.

« È il nostro turno » mormorai e Riven drizzò le orecchie per l'eccitazione.
Riuscii a sentire ogni muscolo del suo corpo che si tendeva. Gli zoccoli battevano contro lo sterrato e il suo cuore batteva a mille.

Quando i nostri nomi furono pronunciati, Henry mi diede una pacca sulla gamba e sollevò entrambi i pollici verso l'alto per darmi il suo supporto.

« Sei la migliore! » mi urlò, mentre entravo nel campo ed io sorrisi imbarazzata.

Una volta all'interno, la tensione crebbe a dismisura.
Il cuore mi batteva talmente forte da impedirmi addirittura di sentire le voci della folla. Era soltanto un enorme boato, interrotto di tanto in tanto da qualche nitrito.
Cercai di respirare piano, ma la mia mente continuò ad essere avvolta da una bolla che mi isolava da tutto il resto.

Non fui in grado neppure di ascoltare le direttive dei giudici su quanto avrei dovuto fare, ma ormai avevo visto già così tante volte gli altri miei avversari che non avevo bisogno di prestare attenzione.

« Coraggio. Facciamogli vedere chi siamo! »

Una volta cessate le formalità, ci avviammo verso il punto di partenza.

Lasciai che Fosse Riven a guidare per tutto il tempo, fingendo di mantenere il controllo sulle redini in modo da non destare sospetti, e per un po' mi concentrai solamente su me stessa. Continuai a respirare a fondo e chiusi gli occhi per concentrarmi.

Quando ci fu dato il segnale d'inizio, tentennai per qualche istante. *Andiamo! Non c'è bisogno di farsi prendere dal panico proprio ora!* Non riuscii a muovermi. Cosa mi stava accadendo?

Provai ad indicare a Riven ad avanzare, ma i muscoli delle mie gambe erano talmente rigidi da non riuscire nemmeno a dare dei piccoli colpetti sulla sua pancia.

Ero terrorizzata.

Fui invitata anche per una seconda e per una terza volta a partire, ma non ne fui in grado.

Riuscivo soltanto ad osservare da lontano, lo sguardo preoccupato di Henry e quello deluso di Lucius, senza poter far nulla per muovermi.

Poi, lui si girò verso di me.

Voltò il collo e alzò la testa e i suoi occhi cercarono immediatamente i miei.

Fu allora che trovai la sicurezza.

Il suo sguardo mi risucchiò in un mondo dove eravamo soltanto lui ed io e in un attimo, quasi come se fossi stata stregata, la tensione scivolò via dalla mia pelle ridonandomi la tranquillità.

Intorno a me non vidi più nulla, solo pezzi di cielo costellati da sprazzi di prati e boschi, e davanti a me soltanto lui.

Lui, la sola cosa importante di quel momento.

« Andiamo! » mormorai infine, sorridendogli sinceramente e i suoi occhi, a quelle mie parole, luccicarono di entusiasmo.
Mi parve quasi di vedere una scintilla accendersi nei suoi occhi nel momento in cui partimmo con uno scatto verso il nostro primo ostacolo.

Come ogni volta, lasciai che fosse lui a guidare me.
Io mi limitai soltanto a seguire i procedimenti che mi erano stati insegnati fino a quel momento, facendo in modo che gli pesassi il meno possibile.

Nel partire al galoppo sentii una scarica di adrenalina percorrermi tutta la schiena.
Mi concentrai solo sulla nostra cavalcata, fingendo che intorno a noi ci fossero soltanto una serie di nuvole e fissai per tutto il tempo, esclusivamente l'ostacolo dinnanzi a noi.

Riven era su di giri.
La pressione, la carica, la paura. Ad ogni passo lasciava dietro di se ognuna di quelle sensazioni negative e mi trasmetteva una forza ed un'emozione unica.

Eravamo diventati una cosa sola.
Due corpi che si muovevano allo stesso ritmo, come se fossero stati da sempre l'uno il complementare dell'altro.
In fondo era come camminare: le gambe si muovono in perfetta sincronia, permettendoti di poggiare i piedi l'uno davanti all'altro senza mai inciampare, anche se sono controllate da due parti diverse della tua mente.

Sorrisi.
Si, era proprio così che mi sentivo. Quando correvamo, i nostri corpi sembravano fondersi in un'unica cosa.

« Allora, sei pronto? »

Mi preparai al salto ancora prima del tempo stabilito. Ormai non ero più nella pelle.

« Ci siamo quasi! »

Fino a qualche giorno prima, mi sarei aspettata di udire la sua voce che mi diceva *"Tieniti forte, ragazza!"*, ma a quel punto non ne avevo più bisogno. Riuscivo benissimo a capire i suoi pensieri con un semplice sguardo.

« Vai! »

Con uno slancio in avanti Riven mi trasmise tutta la sua sicurezza e qualche istante dopo, mi lanciò rapidamente un'occhiata piena di complicità.

Poi, si staccò da terra. E lo stesso brivido che si prova durante una discesa dalle montagne russe mi costrinse a trattenere il respiro per un tempo interminabile, un tempo durante il quale ogni cosa attorno a me si mosse a rallentatore, permettendomi di assaporare ogni attimo.

Non stavamo semplicemente saltando. Stavamo volando.

Epilogo

Il sole era alto nel cielo e picchiava forte coi suoi raggi rendendo la giornata più luminosa che mai.

Era trascorsa soltanto una settimana dall'ultima volta in cui avevo messo piede in quelle scuderie, eppure sembrava che ci mancassi da una vita.

Subito dopo la gara, la nostra inaspettata vittoria, aveva reso tutti talmente euforici da spingere Lucius a sospendere per alcuni giorni le varie lezioni e dedicarsi soltanto ai festeggiamenti.

Nessuno, me compresa, si sarebbe mai aspettato un risultato del genere dall'ultima arrivata, dalla cavallerizza più inesperta del mondo.

« Ehi campionessa! Ben arrivata! »

Arrossii.

Non ero abituata a tutti quei complimenti, specialmente dopo aver trascorso mesi in quel posto, avvolta nell'indifferenza totale.

« Ciao Amir! Ti trovo in forma! »

Era così imbarazzante sentirmi al centro dell'attenzione che non sapevo neanche più cosa dire quando qualcuno mi rivolgeva la parola. In alcune occasioni avevo addirittura fatto delle vere e proprie gaffe.

« Vai dalla furia? » chiese lui, riferendosi a Riven « Gli ho appena dato da mangiare! »

Ammiccai e gli feci uno dei miei sorrisi migliori.

« Ti ringrazio Amir. Sei il migliore, come al solito! »

Lui rise divertito ed io lo salutai con una mano, allontanandomi rapidamente per tornare dal mio amico dopo una settimana di agonia che ci aveva tenuti separati.

Quando raggiunsi il box vi trovai Henry che lo stava osservando.

« Ehi »

Nel vedermi si drizzò sulla schiena e dopo alcuni istanti di esitazione mi sorrise e mi venne incontro per salutarmi.

« Allora? Come ci si sente ad essere una campionessa? »

Chinai il capo imbarazzata.

« Oh, per favore! Smettetela tutti quanti di chiamarmi così! »

Mi morsi un labbro e lui rise divertito.

« Ma è quello che sei! » sussurrò in tono suadente, poggiandosi con una spalla al pilastro di legno, mentre Riven uscì con la testa fuori dal box ed iniziò a sbuffare e a fare delle smorfie alle sue spalle.

Trattenni a stento un sorriso.

« Preferivo prima quando ero solo..io. » mormorai, fingendo di non vedere il modo in cui Riven si prendeva gioco di lui « Adesso anche Lucius sembra essersi addolcito nei miei confronti. Non ci sono abituata! »

Mi passai una mano tra i capelli e alzai gli occhi al cielo per non mostrare il mio imbarazzo.

« Ti ci abituerai, non preoccuparti! » minacciò lui, ridendo sotto i baffi « Ora, invece, che ne dici di un bel gelato per festeggiare? » propose « Dalla gara poi, non ti ho più vista »

Dal suo tono capii che voleva farmi sentire in colpa per il fatto di non averlo più richiamato dopo quel giorno e ci riuscì perfettamente. Allo stesso tempo, però, non riuscii a trattenere una smorfia contrariata.

« Ne ho avuto abbastanza di festeggiamenti » risposi, tentando di scherzarci su « Magari un'altra volta. Ora ho bisogno solo di fare una passeggiata con Riven »

Finsi di non vedere l'espressione delusa ed infastidita del suo volto e gli passai accanto, per entrare nel box del mio amico e tirarlo fuori.

« Ehi! Ricorda la promessa che mi hai fatto! » mi rimproverò lui, incrociando le braccia al petto e aggrottando le sopracciglia.

Risi.

Era davvero buffo quando fingeva di essere adirato. Per quanto si sforzasse non ci riusciva minimamente. L'avevo sempre visto come l'incarnazione della tranquillità.

« Non preoccuparti! Non l'ho dimenticata! » lo rassicurai, anche se dal modo in cui pronunciai quella frase parve più una condanna.

« Ci conto allora » ribadì lui, ma quella volta non ottenne alcuna risposta dal parte mia.

Intanto, mi affrettai il più possibile nel sellare Riven, in modo da porre fine a quella questione il più velocemente possibile.

Sapevo che uno di quei giorni avrei dovuto affrontare il problema e decidere se uscire con Henry per un vero appuntamento oppure no, ma in quel momento non volevo minimamente pensarci. Mi sarei preoccupata di tutto più tardi. *Ora voglio solo stare con Riven!*

Dopo averlo salutato il più cordialmente possibile, così, mi allontanai da lui per dirigermi verso l'esterno, mentre Riven mi seguì senza che avessi neanche la necessità di tenerlo per le redini.

Quando nitrì, in tono di derisione, gli feci una linguaccia e lo minacciai assumendo un'espressione offesa.

« Selène, scusami » d'un tratto, poi, la voce di Mary, la ragazza che si occupava della segreteria, mi fece distrarre dalla mia recita « Potresti venire un momento? » chiese subito dopo, ma nel vedere Riven al mio fianco, sobbalzò all'indietro e tese i muscoli come faceva ogni volta quando lo vedeva libero « Oh, perdonami. Non sapevo che stessi uscendo. Forse è meglio se veniamo noi da te » esclamò preoccupata « Non vorrei che lo lasciassi in giro con la possibilità che possa fare del male a qualcuno »

Sorrisi, avvicinandomi a Riven che nel frattempo aveva iniziato a guardarla di traverso.

Mary sapeva benissimo quanto Riven potesse divenire irascibile in mia assenza, di conseguenza ogni volta che ci vedeva insieme si preoccupava sempre di non separarci.

La vidi, così, allontanarsi rapidamente verso il suo ufficio e uscire poco dopo, seguita da qualcuno che in un primo momento non riuscii a riconoscere.

Quando lo vidi, però, il mondo smise totalmente di girare. Mi sentii in balia di un vortice e ogni immagine fu offuscata dal suo volto.

Istintivamente guardai Riven e poi tornai a guardare il volto sorridente di quel ragazzo.

« Selène » cominciò Mary « Vorrei presentarti... »

« Riven! » sbottai d'un tratto, facendo zittire tutti i presenti « Oh mio Dio! Sei... » "*Riven!*" avrei voluto ripetere, ma le parole mi si strozzarono in gola.

Non riuscivo a credere che potesse essere proprio lì, con la sua pelle chiara, i suoi capelli biondo oro, le sue labbra rosa. Stavo forse sognando? Come era possibile una cosa del genere?

Deglutii a fatica.

Lui mi fissò confuso, poi passò rapidamente con lo sguardo da me al mio cavallo e viceversa.

Solo allora mi resi conto di un particolare talmente stupido, ma talmente importante da cambiare ogni cosa. I suoi occhi.

Erano verdi.

Non neri come quelli che ricordavo, ma verdi. Un verde chiaro che illuminava il suo viso rendendolo solare piuttosto che accattivante e misterioso.

« In effetti lui è James, il figlio del vecchio proprietario di Riven » precisò Mary, aggiustandosi gli occhiali sul naso « Ma tu come facevi a saperlo? »

Due paia di occhi mi fissarono con fare interrogativo.

Mi passai una mano dietro la testa e tentennai per un po', cercando di trovare una scusa migliore, ma l'unica cosa che riuscii a fare fu quella di balbettare.

« Beh, ecco, in realtà Riven. Cioè, lui, io » *Non ne faccio mai una giusta!* « Intuito » esclamai infine, provando ad essere convincente « Puro intuito » ripetei, sperando che in quel modo sembrasse più credibile.

« Oh. Capisco » mormorò Mary « Ad ogni modo, James era venuto qui per fare un saluto a Riven »

« In effetti » la interruppe il giovane « Mi sono da poco trasferito qui con degli amici e ho deciso subito di venire a trovare il mio vecchio amico. Penso che mi iscriverò qui appena posso » avanzò verso di noi e prese il muso di Riven tra le mani.

Per la prima volta, vidi nei suoi occhi un'emozione indescrivibile.

Per un attimo fui invasa da un moto di gelosia nel vedere qualcun altro accarezzare il muso del mio cavallo. Poi però ricordai quanto

Riven avesse sofferto per quella separazione e mi feci da parte per lasciargli vivere al meglio quell'incontro.

« Ho sentito che tu sei stata l'unica in grado di tenergli testa » esclamò James, accarezzando il suo vecchio compagno con fare estremamente dolce e rassicurante « Ho sempre saputo che aveva ottimi gusti! » mi fece un occhiolino e mi sorrise facendomi sentire in imbarazzo.

Era così strano per me trovarmi in quella situazione che non sapevo minimamente come comportarmi.

« Selène » mi richiamò allora Mary, con fare beffardo, mentre si allontanava per tornare al suo ufficio « credo proprio che da oggi non sarai l'unica a montare Riven »

James rise, mentre il mio cuore perse un battito.

« Non preoccuparti » disse lui, a quel punto, vedendo la mia espressione divenire di botto preoccupata « Non te lo porterò via. Mi accontenterò di qualche cavalcata di tanto in tanto. » il mio sguardo divenne sospettoso « Mi rendo conto che adesso dovrò dividerlo con qualcun altro. » continuò lui tentando di rassicurarmi « Ma devo dire che la cosa non mi dispiace affatto » ammiccò nuovamente ed io chinai il capo imbarazzata.

Sentii, poi, il muso di Riven spingere più volte contro la mia schiena. Si fermò soltanto quando mi ebbe avvicinato abbastanza a James da farmi sentire il calore della sua pelle.

Cercando di non farmi notare, alzai lo sguardo lentamente.

Era davvero bellissimo. Grazie a Riven, conoscevo ogni particolare di quel volto marmoreo e di quei capelli dorati.

Il mio cuore accelerò fino quasi a scoppiare e ogni parte del mio corpo prese ad inviarmi strani segnali sconosciuti.

Deglutii, mentre le mie mani sudarono fredde.

« James? » feci un respiro profondo « Ti va di fare un giro? Ti iniziamo a mostrare il nostro centro! »

www.ingramcontent.com/pod-product-compliance
Ingram Content Group UK Ltd.
Pitfield, Milton Keynes, MK11 3LW, UK
UKHW020129250726
13967UKWH00002B/556

9 781291 097498